Jetzt mache ich mich selbständig

ECON Praxis

Das Buch:

Die Frauen sind auf dem Vormarsch: Jedes dritte Unternehmen wird heute von ihnen gegründet. Langfristig jedoch sind nur die Projekte erfolgreich, die optimal vorbereitet sind. Madeleine Durand-Noll zeigt, welche Chancen und Risiken die Selbständigkeit für Unternehmerinnen in der Existenzgründung und in den ersten Jahren danach birgt. Mit fundiertem Fachwissen und praktischen Erfahrungen trägt sie dazu bei, daß Frauen auf dem Weg zum eigenen Unternehmen unnötige Fehler vermeiden und alle Möglichkeiten ausschöpfen.

Die Autorin:

Dr. Madeleine Durand-Noll ist Volkswirtin und Mutter von zwei Kindern. Nach mehreren Jahren als wissenschaftliche Assistentin an den Universitäten Köln und Göttingen war sie als stellvertretende Verlagsleiterin tätig. Seit einigen Jahren betreibt sie in der Nähe von Koblenz eine Management- und Marketingberatung.

Madeleine Durand-Noll

Jetzt mache ich mich selbständig

Existenzgründung für Frauen

ECON Taschenbuch Verlag

Originalausgabe

© 1996 by ECON Verlag GmbH, Düsseldorf
Umschlaggestaltung: Molesch/Niedertubbesing, Bielefeld
Titelabbildung: IFA-Bilderteam, Düsseldorf
Die Ratschläge in diesem Buch sind von Autorin und Verlag sorg-
fältig erwogen und geprüft; dennoch kann eine Garantie nicht
übernommen werden. Eine Haftung der Autorin bzw. des Ver-
lags und seiner Beauftragten für Personen-, Sach- und Vermö-
gensschäden ist ausgeschlossen.
Gesetzt aus der Candida
Satz: Formsatz GmbH, Diepholz
Druck und Bindearbeiten: Ebner Ulm
Printed in Germany
ISBN 3-612-21303-2

In eigener Sache

Arbeitszeit ist Lebenszeit!
Schon seit Ende meines Studiums war mir klar: Ich wollte eines Tages meine eigene Chefin sein. Im Prinzip habe ich das als selbständige Unternehmensberaterin heute geschafft – wären da nicht meine beiden Kinder, die mir immer wieder zeigen, »wo der Bartel den Most herholt«, wie man an der Mosel sagt. Ihnen danke ich von Herzen für so viel Freude in meinem Leben, und sie zeigen mir, daß man als Frau Beruf und Familie auch ohne schlechtes Gewissen sehr gut vereinbaren kann.

Vor allem danke ich aber auch meinem Mann, für den meine Berufstätigkeit immer vollkommen selbstverständlich war und ist und der unsere Kinder – trotz eigener arbeitsintensiver Selbständigkeit – ordentlich bevatert, so daß ihnen klassische Rollenbilder fremd sind.

Inhalt

Gründerzeit für Frauen

Das klassische Rollenbild gerät ins Wanken. Immer mehr Frauen streben in Positionen, die mehr wirtschaftlichen Erfolg zu verheißen scheinen. Vor allem die selbständige Existenz scheint Frauen zu reizen. Rund jedes dritte Unternehmen wird heute bereits von einer Frau gegründet.[1]

»Frauen kommen langsam – aber gewaltig«, sang vor Jahren eine deutsche Rocksängerin. Was damals utopisch klang, wird nun Wirklichkeit. Das, was Frauen auf ihrem Weg in die Chefetagen noch nicht im vollen Umfang verwirklichen konnten, gelingt ihnen mehr und mehr im Bereich der Selbständigkeit. Sie dulden keinen Chef mehr über sich, wollen ihre eigenen Entscheidungen fällen und dafür geradestehen.

Für Frauen ist die Selbständigkeit häufig der einzige Weg, aus einer untragbaren persönlichen oder beruflichen Situation herauszukommen. Sie sehen in der Selbständigkeit die Chance, ihre Lebensziele zu verwirklichen und sich dabei nicht selbst zu verleugnen.

Oft führt der Weg in die Selbständigkeit über verschlungene Pfade. Häufig steht der – bei Männern wohl selten zu findende – Wunsch nach Vereinbarkeit von Arbeit und Familienleben dahinter.

Frauengründungen laufen häufig scheinbar neben-

[1] Vgl. Bundesministerium für Frauen und Jugend (BMFJ): Förderung der beruflichen Selbständigkeit von Frauen als Beitrag zur kommunalen Wirtschaftsentwicklung, Materialien zur Frauenpolitik 38/1994, Bonn, Mai 1994, S. 3

her. Frauenbetriebe fangen klein an, weil zum Beispiel in Zeiten der Familienphase kreative Potentiale entdeckt und diese verwertet werden sollen. Oder es scheint aus einer drückenden Arbeitslosigkeit keinen anderen Ausweg zu geben.

Noch sind Existenzgründungen durch Frauen im Durchschnitt nicht so stringent geplant, und sie werden nicht so kompromißlos durchgesetzt wie die der Männer. Das heißt aber nicht, daß der Weg der Frauen ein schlechterer ist. Er ist nur eben anders.

Für Frauen bedeutet die Gründung eines eigenen Unternehmens in der Regel einen Bruch mit ihrem bisherigen Leben. Nicht nur, daß sie sich neuen Anforderungen stellen und von der Seite der abhängig Beschäftigten zu der der Selbständigen wechseln, sie wechseln meist auch in eine völlig neue Rolle.

Die den Frauen traditionell zuerkannten Lebensmuster von Hausfrau und Mutter werden abgestreift. Und nicht nur im privaten Bereich brechen Frauen aus ihrer traditionellen Rolle aus, sondern auch der berufliche Bereich wird umgekrempelt.

Frauen sind überproportional häufig in der Assistentinnen- bzw. Zuarbeiterinnenrolle zu Hause. Als Sekretärin kochen sie ihrem Chef Kaffee und schmieren Brötchen, wenn Gäste kommen. Sie bearbeiten seine Korrespondenz und hören sich auch manchmal seine privaten Sorgen an. Als Assistentin ist Frau gewohnt, das Objekt der Delegation zu sein. Das Rollenbild der Zuarbeiterin, der Ausführerin männlicher Ideen und der Herrichterin männlicher Fluchtburgen – das sind klassische, den Frauen zugedachte Lebensmuster.

Frauen in dominanten Positionen sind erst einmal suspekt. Leiterinnen, Geschäftsführerinnen oder sogar Unternehmerinnen, das sind Rollen, die für Frauen noch relativ ungewöhnlich sind.

Nicht nur, daß eine Frau in einer solchen Position besonders kritisch von Männern – aber auch von Frauen – beobachtet wird, sie muß sich auch selber auf neue Handlungsmuster einlassen: delegieren können statt Anweisungen zu erledigen, selbstbestimmt arbeiten statt fremdbestimmt, langfristig und strategisch planen statt kurzfristig und pragmatisch auszuführen, entscheiden und handeln statt abzuwarten.

Unternehmerin zu sein, das bedeutet auch, neue Prioritäten zu setzen. Nach einer Untersuchung der Deutschen Ausgleichsbank sind rund zwei Drittel der Unternehmerinnen verheiratet. 42 % der Gründerinnen haben im Durchschnitt zwei bis drei Kinder.[2]

Die Problematik der Doppelbelastung bei berufstätigen Frauen, insbesondere bei Müttern, sehen die Autorinnen Eva Wloch und Ingrid Ambos in ihrer vollen Tragweite bestätigt.[3] Auch als Unternehmerin bleibt eine verheiratete Frau mit Kindern Mutter und Ehefrau.

Den Partner davon zu überzeugen, daß er nun zusätzliche Aufgaben in der Familie übernehmen muß, weil seine Frau neuen Belastungen ausgesetzt ist, erfordert oft harte Diskussionen. Claims werden neu abgesteckt, und alte Gewohnheiten müssen abgelegt werden.

Wer will es den Männern verübeln? Ein Ehemann

---

[2] 37. Geschäftsbericht der Deutschen Ausgleichsbank 1986, S. 48
[3] Wloch, Eva / Ambos, Ingrid: Doppelbelastung und Vereinbarkeit von Beruf und Familie, in: Assig, Dorothea: Mut gehört dazu!, Reinbek 1987, S. 24

und Familienvater, der es bisher gewohnt war, sich morgens an einen schön gedeckten Frühstückstisch zu setzen und ein weichgekochtes Frühstücksei und gebutterten Toast serviert zu bekommen, sieht nicht ohne weiteres ein, warum das gemütliche Frühstück ab sofort gestrichen ist und er vielleicht sogar noch zusätzlich dafür Sorge tragen soll, daß die Kinder pünktlich in Kindergarten und Schule gelangen. Sehr schnell wird Mann hier die Frage nach dem Warum und Wofür stellen, erst recht dann, wenn er sein Einkommen bisher als ausreichend für die Familie angesehen hat.

Die Frau, die diese Probleme unterschätzt, rennt blauäugig in ihr eigenes Unglück. Liebgewonnene Gewohnheiten abzulegen, sich auf ein neues, unsicheres Arbeitsleben ohne feste Arbeitszeiten einzulassen und zusätzlich gute Mutter und Ehefrau sein zu wollen, das erfordert eine gute Vorausplanung und eine vorbeugende Auseinandersetzung mit dem Lebenspartner. Wenn er nicht mitzieht und mit der neuen Rolle seiner Partnerin einverstanden ist, kann das Projekt scheitern, bevor es richtig angelaufen ist.

Je klarer die Absprachen sind, die im Vorfeld einer Unternehmensgründung mit dem Lebenspartner getroffen werden, je ehrlicher die zusätzlichen Belastungen für alle Mitglieder einer Familie eingestanden und vorgeplant werden, desto aussichtsreicher ist das Gründungsvorhaben.

Schon manche gründungswillige Frau wurde zur Aufgabe gezwungen, weil sie die Macht der privaten Verhältnisse unterschätzt hat. Zieht aber die gesamte Familie mit, werden Pläne zur Überbrückung von Notsituationen – etwa Krankheit des Babysitters oder der Kinder – aufgestellt, dann fällt es später allen Betei-

ligten leichter, auch mit unvorhergesehenen Belastungen umzugehen.

Gründung heißt Planung!

Auf dem Weg in die Selbständigkeit

Der aufkeimende Wunsch, sich selbständig zu machen, der Gedanke, endlich seine eigene Chefin sein zu wollen, ist der Aufbruch und erste Schritt in die Selbständigkeit. Viele Schritte werden noch folgen müssen, bevor dieses Ziel wirklich erreicht ist.

Wer die Strecke kennt, die er zu gehen hat, der kann seine Kräfte realistisch einteilen und wird seltener vom Weg abkommen

In Informationsschriften von Beratern und Banken wird gerne das Idealbild einer Existenzgründerin bzw. eines Existenzgründers entworfen, das in der Realität nur selten anzutreffen ist: Es gibt ebenso viele Wege in die Selbständigkeit wie Menschen, die sich selbständig machen.

Jeder hat seine eigene Art, mit den spezifischen Problemen auf dem Weg in die Selbständigkeit fertig zu werden, und jeder tut gut daran, seine Schritte so zu planen, daß sie der eigenen Persönlichkeit entsprechen.

Das Idealbild eines Gründers ist von männlichen Vorstellungen geprägt. Wenn Sie sich selbständig machen wollen, werden Sie sehr rasch feststellen, daß Sie an vielen Stellen dem von Dritten entworfenen Gründerporträt nicht entsprechen können und vielleicht auch nicht entsprechen wollen.

Frauen haben ihren ganz eigenen Gründerinnenansatz. Frauenlebensläufe sind häufig nicht so geradlinig wie die der Männer. Umwege, Seitenwege und Familienpausen kennzeichnen Lebenswege, die weniger eindeutig und karrierebetont – vielleicht aber mit mehr Spaß und Überzeugung – beschritten werden.

Das klassische Rollenbild gerät ins Wanken, warum sollte nicht auch das klassische Existenzgründerbild kritisch unter die Lupe genommen werden?

Lassen Sie sich nicht in ein vorgefertigtes Schema drängen. Suchen Sie Ihren eigenen Ansatz und Ihren eigenen Weg in die Selbständigkeit. So möchte auch dieses Buch Ihnen keinen Idealpfad aufzeichnen, sondern Ihnen einen Überblick über wichtige Schritte in die Selbständigkeit geben, Sie mit Informationen über alles, was dazu gehört, versorgen und Ihnen so ermöglichen, Ihren eigenen Weg zu finden und zu gehen.

Je mehr Informationen Sie vor Ihrer Gründung sammeln, desto sicherer werden Sie in der Entscheidung, wie Ihr eigener Ansatz aussehen soll. Ob Trampelpfad oder Autobahn, ob Serpentinenstrecke oder direkte Route bestimmen Sie selbst. Nutzen Sie alle Ihnen zur Verfügung stehenden Informationen, um alle Ihre Möglichkeiten abzuchecken, aber: Finden Sie Ihren eigenen Weg.

Selbständigkeit – was ist das überhaupt?

Der Begriff »Selbständige« ist eine Bezeichnung aus der amtlichen Statistik zur Erwerbstätigkeit für solche Personen, die einen Betrieb oder eine Arbeitsstätte gewerblicher oder landwirtschaftlicher Art im wirtschaftlichen und organisatorischen Sinne als Eigentümer oder Pächter leiten. Zu den Selbständigen gehören auch die selbständigen Handwerker sowie alle freiberuflich Tätigen, die Hausgewerbetreibenden und Zwischenmeister.[4]

Dies ist eine sehr trockene Erklärung für einen Begriff, hinter dem sich eine große Palette möglicher Lebensmuster verbirgt. Die Spannweite reicht vom Ein-Frau-Heimbetrieb bis zur Konzernchefin.

Eine im Auftrag des Bundesministeriums für Frauen und Jugend erstellte Studie nennt folgende Kennzeichen, die den Zustand der Selbständigkeit im Vergleich zur Tätigkeit von Angestellten charakterisieren:

- Unabhängigkeit im Sinne von Handlungsfreiheit,
- umfassende Ausübung von Managementfunktionen (zum Beispiel Verantwortung für Produktentwicklung, Vermarktung, Einkauf, Vertrieb, Finanzierung, Personaleinstellung und Organisationsfragen, s. S. 12),
- längere Wochen- und Jahresarbeitszeiten (60–70 Stunden wöchentliche Arbeitszeit für betriebsrelevante Tätigkeit und max. 2–3 Wochen Jahresurlaub),
- Einsatz von eigenem und fremdem Kapital zur Gründung und Führung des Betriebes,
- kein festes Einkommen (starke Streuung in der Höhe des erzielbaren Einkommens, starke Schwankungen im Verlauf der Selbständigkeit),
- keine Absicherung bei Erfolgslosigkeit des Betriebes, zum Beispiel durch Gewährung von Arbeitslosengeld. [5]

[4] Aus: Gablers Wirtschaftslexikon, 13., vollständig überarbeitete Auflage, Wiesbaden 1993
[5] BMFJ: Förderung der beruflichen Selbständigkeit von Frauen, a. a. O., S. 10

Diese Auflistung markanter Unterschiede zwischen selbständig und abhängig Tätigen skizziert Arbeitsumstände, die von Entbehrungen und Überlastung gekennzeichnet sind. Diese durchaus nicht attraktiven Merkmale der Selbständigkeit scheinen aber nicht – oder zumindest kaum – abzuschrecken.

Gerade bei den Frauen läßt sich ein regelrechter Gründungsboom ausmachen. Seit Anfang der 80er Jahre sind vor allem sie für eine Trendwende verantwortlich. Ging Ende der 70er Jahre die Zahl der Existenzgründungswilligen zurück, so läßt sich seit Anfang der 80er Jahre wieder ein Ansteigen beobachten. Daran sind maßgeblich die von Frauen gegründeten Betriebe beteiligt.

Das haben inzwischen auch zahlreiche Politiker entdeckt. In einigen Bundesländern werden Existenzgründungen durch Frauen bereits systematisch gefördert. Sie stellen einen nicht zu unterschätzenden Wirtschaftsfaktor dar und sind vor allem auch deshalb von Interesse, weil hier neue Arbeitsplätze geschaffen werden und der hartnäckigen Frauenarbeitslosigkeit entgegengewirkt wird. Auf der Suche nach Programmen zur Bekämpfung der Arbeitslosigkeit haben die Wirtschaftsministerien also die Frauen entdeckt.

Ein Beispiel ist Rheinland-Pfalz. Seit Jahren werden hier Gründungen von Frauen systematisch unterstützt. Es gibt Existenzgründerinnen-Foren, Seminare zur Weiterbildung speziell für gründungswillige Frauen, und es gibt ein Gründerinnentelefon im Wirtschaftsministerium. Hier können Frauen anrufen, sie werden kostenfrei beraten.

Nutzen Sie die Chancen, die Ihnen geboten wer-

den. Warum sollte man Förder- und Informations-
möglichkeiten, die zudem oft noch kostenfrei zur Verfügung stehen, nicht ausnutzen? Je breiter die eigene
Wissensbasis ist, desto sicherer und selbstbewußter
kann die eigene Gründung in die Hand genommen
werden.

Als Existenzgründerin sind Sie keine Bittstellerin,
die sich abwimmeln lassen muß. Klein- und Mittelun-
ternehmen sind die tragenden Säulen der Wirtschaft.
Sie schaffen Arbeitsplätze und leisten, auch mit ihren
Steuerzahlungen, ihren Beitrag zur Stabilität des Wirtschaftssystems.

Wie wird man selbständig?
Von Neugründung bis Franchising

Es gibt verschiedene Wege, zur Selbständigkeit zu gelangen. Sie können einen Betrieb neu gründen, dann
beginnen Sie praktisch bei Null. Alles muß hier noch
aufgebaut werden. Es ist nichts da: keine Kunden,
keine Lieferanten, keine Mitarbeiter, und der Markt
weiß noch nichts von Ihnen.

Für die eine mag das deprimierend sein, die andere
sieht in dieser Art der Betriebsgründung die große
Chance. Alles ist offen, alles ist frei. Sie können Ihre
eigenen Vorstellungen einbringen und mit Stolz auf
das schauen, was Sie selbst schaffen und geschafft
haben.

Anders sieht es bei einer Betriebsübernahme aus.
Hier besteht schon ein lebendiges Unternehmen mit
allen Chancen und Risiken. Kundenbeziehungen sind
bereits aufgebaut worden, die Firma verfügt über ein

Lieferantennetz, Personal ist vielleicht schon da, und Betriebsausstattungen sind vorhanden.[6]

Hier können Sie nicht von Anfang an alles total umkrempeln, wenn Sie Kunden, Lieferanten und Mitarbeiter nicht vor den Kopf stoßen wollen. Ein Umbau nach Ihren Vorstellungen kann nur Schritt für Schritt geschehen.

Planen Sie eine Betriebsübernahme, so schauen Sie sich den Betrieb genau an. Warum wird der Betrieb verkauft? Liegen Altersgründe vor, oder gibt es wirtschaftliche Schwierigkeiten, die von Ihnen auch nicht besser bewältigt werden können?

Wie ist die Kundenkartei aufgebaut? Haben Sie es mit nur wenigen Großkunden zu tun? Oder ist das Risiko auf viele kleine Kunden verteilt? Nur wenige Großkunden zu haben ist unvorteilhaft, weil Sie dann sehr von Ihren Kunden abhängig sind. Hustet einer dieser Kunden, so haben Sie gleich einen Schnupfen.

Stehen Betriebsräume zur Verfügung? Wie sind diese ausgestattet? Müssen hier Rundumerneuerungen vorgenommen werden? Ist der Standort des Betriebs auch für Sie sinnvoll?

Sind die Maschinen auf dem neuesten Stand? Ist man mit Computern ausgerüstet, oder befinden sich in den Büroräumen noch Schreibmaschinen aus der Vorkriegszeit?

Und vor allem: Wie sehen die Bilanzen des Unternehmens aus, das Sie übernehmen möchten? Lassen Sie die Bilanzen der letzten Jahre von einem Steuerberater sorgfältig überprüfen.

---

[6] Falls Sie eine Betriebsübernahme anstreben, der geeignete Betrieb aber noch fehlt, finden Sie im Abschnitt »Existenzgründungsbörse« auf S. 192 Anregung und Ansprechpartner.

Machen Sie eine Rentabilitätsvorschau, das heißt, errechnen Sie, wieviel Gewinn der Betrieb in Zukunft erwirtschaften kann.[7] Dabei ist auch zu berücksichtigen, wie hoch Ihre finanzielle Belastung durch die Betriebsübernahme in Zukunft wird.

Ein weiteres wichtiges Moment ist das Image des Betriebs. Versuchen Sie möglichst viele Informationen hierüber zu erhalten. Ist der Betrieb gut angesehen? Oder ist sein Ruf so schlecht, daß in Zukunft Verluste durch das Abwandern von Kunden zu befürchten sind?

Den Preis für einen bestehenden Betrieb errechnen Sie aus seinem Substanzwert und seinem Firmenwert. Der Substanzwert ist der tatsächlich zu erzielende Wert – man spricht auch vom Verkehrswert – der zum Betrieb gehörenden Wirtschaftsgüter, die Sie übernehmen wollen. Bei der Ermittlung des Substanzwertes helfen Ihnen Sachverständige, deren Adressen Sie bei der Industrie- und Handelskammer oder der Handwerkskammer erfragen können.[8]

Der Firmenwert ist ein gedachter Wert, der von vielen Faktoren beeinflußt wird. Hierzu zählen zum Beispiel: die Ertragserwartungen, das Image des Betriebes, die Wachstumschancen der Branche und das betriebliche Know-how.

Substanzwert und Firmenwert ergeben zusammen den Preis, der für die Betriebsübernahme gefordert werden kann. Dieser Preis ist natürlich verhandelbar. Angebot und Nachfrage sind schließlich ausschlaggebend für die Preisfindung.

In der Regel bestimmen die Vorstellungen des Verkäufers, in welcher Form der Preis dann bezahlt wird.

---

[7] Vgl. hierzu das Kapitel »So erstellen Sie einen Rentabilitätsplan«, S. 81 ff.
[8] Adressen finden Sie im Anhang

Der Preis kann zum Beispiel in einer Summe gezahlt werden. Oder Sie erwerben einen Betrieb auf Rentenbasis, das heißt, Sie leisten wiederkehrende Zahlungen. Die Zahlungsmodalitäten können sehr vielgestaltig sein. Wichtig ist, welche dauernden Belastungen für Sie entstehen.

Eine Betriebsübernahme kann unterschiedliche Formen haben. Sie können zum Beispiel – wie vorgestellt – einen Betrieb kaufen. Sie können aber auch einen Betrieb pachten, was weit geringere liquide Mittel erfordert.

Sollten Sie einen Betrieb geschenkt bekommen, so erkundigen Sie sich vorher bei Ihrem Steuerberater, wie diese Schenkung möglichst steuersparend vonstatten gehen kann.

Neben Neugründung und Betriebsübernahme kann eine Existenzgründung auch durch eine Beteiligung an einem Betrieb geschehen. Wenn Sie mit anderen zusammen einen Betrieb führen möchten, dann ist besonders wichtig, daß man sich von vornherein über gemeinsame Ziele und Vorstellungen einigt.

Eine genaue Aufgabenabgrenzung erleichtert den täglichen Ablauf im Betrieb und verhindert, daß aus Freundschaften Feindschaften werden. Stellen Sie sich nur einmal vor: Sie betreiben zusammen mit einer Freundin eine Rechtsanwaltssozietät. Während Sie von morgens acht Uhr bis abends um acht am Schreibtisch sitzen oder Gerichtstermine wahrnehmen, verbringt Ihre Freundin die meiste Zeit auf dem Tennisplatz oder mit ihren Kindern. Wenn Sie vorab keine Regelungen getroffen haben, so ist es jedoch nur noch eine Frage der Zeit, bis Sie ein Magengeschwür bekommen.

Ein anderes Beispiel: Was ist mit dem Firmenwagen? Sie fahren einen benzin- und steuersparenden Kleinwagen, und Ihre Partnerin bestellt sich ein repräsentatives Firmenfahrzeug der Luxusklasse. Können Sie das akzeptieren?

Versuchen Sie schon im Vorfeld eines gemeinsamen Vorhabens möglichst viele Dinge zu klären. Dazu gehören:

- Wer übernimmt welche Aufgabengebiete?
- Wie wird der Gewinn/Verlust verteilt?
- Wie wird die Arbeitszeit geregelt?
- Was passiert in Notfällen?
- Was passiert, wenn sich die Partnerschaft als Fehlschlag erweist?

Eine zunehmend bedeutender werdende Art der Unternehmensgründung ist das Franchising. Ein typisches Franchise-Unternehmen ist wohl fast jedem bekannt: McDonald's. Franchise – was steckt dahinter?

Franchising ist eine Unternehmenskooperation, bei der sich Franchise-Geber und Franchise-Nehmer zu einer dauerhaften Zusammenarbeit zusammenfinden. Sie schließen miteinander einen Franchise-Vertrag.

Bei rechtlicher Selbständigkeit des Franchise-Nehmers werden diesem durch den Franchise-Geber Nutzungsrechte eingeräumt. Dazu gehören zum Beispiel: die Erlaubnis, einen bestimmten Namen, ein Firmenzeichen oder/und eine Marke führen zu dürfen. Der Franchise-Geber räumt sich je nach Art des Franchise-Unternehmens Weisungs- und Kontrollrechte ein.

Bei Franchise-Unternehmen profitiert man davon, daß der Franchise-Geber bereits eine Geschäftsidee entwickelt hat. In der Regel hat er auch schon einen gewissen Bekanntheitsgrad erreicht. So ist der Markt bereits vorbereitet.

Sie zahlen an den Franchise-Geber eine Gebühr für die Benutzung des Namens und für das Recht, Waren und Dienstleistungen des Franchise-Gebers zu vertreiben. Es gibt in der Zwischenzeit bereits sehr viele, sehr unterschiedlich strukturierte Franchise-Unternehmen. Prüfen Sie sorgfältig, ob es für Sie erfolgversprechend ist, sich einer solchen Kooperative anzuschließen. Sie binden sich hier vertraglich sehr eng ein und haben in der Regel nur sehr wenig Möglichkeiten, eigene Ideen zusätzlich umzusetzen. Andererseits erfahren Sie als Franchise-Nehmer Unterstützung beim Aufbau und bei der Führung Ihres Betriebs. Viele Dinge sind vorgedacht und müssen von Ihnen nicht erarbeitet werden.

Für Sie ist wichtig, welche Leistungen der Franchise-Geber Ihnen für die Franchise-Gebühr bietet. Zum Beispiel:

- Wird überregional Werbung betrieben?
- Sind diese Kosten in der Franchise-Gebühr enthalten?
- Haben Sie Gebietsschutz, oder müssen Sie fürchten, daß in Ihrer Nähe ein weiterer Betrieb aufgemacht wird?
- Wie bekannt ist das Franchise-System?

Prüfen Sie sorgfältig, und lassen Sie sich Informationen über das Franchise-System und alle Kooperationsbedingungen geben. Auskünfte über Franchise-Unternehmen erhalten Sie beim

Franchise-Verband e.V.
Paul-Heyse-Straße 33–35
80336 München
Telefon: 089/535027
Telefax: 089/531323

Aber auch Ihr Unternehmens- oder Steuerberater und die Kammern können Ihnen helfen, den für Sie richtigen Weg zu finden.

Frauen als Gründerinnen und Unternehmerinnen: Motive und Risiken

Eine Expertise, die 1987 für das Bundesministerium für Jugend, Familie, Frauen und Gesundheit zum Thema »Existenzgründungsförderungsmaßnahmen für Frauen« erstellt wurde, kam schon damals zu dem Schluß, daß sich die Motive von Frauen, sich selbständig zu machen, kaum von denen der männlichen Gründer unterscheiden. Dabei steht die Selbstbestimmtheit an erster Stelle. Das Durchsetzen eigener Ideen und das Erreichen von Entscheidungs- und Handlungsfreiheit wird von Männern und Frauen gleich hoch bewertet. Tun, was man will. Entscheiden, wie man es für richtig hält. Selbst die Früchte seiner Arbeit ernten und persönlich ausbaden, was man angerichtet hat.

Dorothea Assig sieht als ausgeprägtes Motiv bei Frauen auch die »Abenteuerlust«. Dies habe aber nichts mit einer riskanteren Geschäftspolitik zu tun, sondern eher damit, daß Frauen den Schritt in die Selbständigkeit eher als Abenteuer verstehen als Männer: Sie brauchen mehr Mut, ihre herkömmliche Rolle zu verlassen. Den direkten Anstoß zur Unternehmensgründung habe vielfach eine veränderte Familiensituation gegeben, wie zum Beispiel die Wiedereingliederung in das Berufsleben nach einer Scheidung, die Geburt eines Kindes oder die Arbeits- bzw. Erwerbslosigkeit des Ehemannes. Dorothea Assig bezieht sich hier auch auf einen Untersuchungsbericht für den Senator für Wirtschaft und Arbeit, an dem sie mitgewirkt hat.[9]

Auch in neueren Untersuchungen, so der Kurzstudie »Förderung der beruflichen Selbständigkeit von Frauen als Beitrag zur kommunalen Wirtschaftsentwicklung« vom Mai 1994, wird darauf verwiesen, daß viele bzw. die meisten Frauen nicht den »klassischen Weg« in die Selbständigkeit gehen. Häufig sei es vielmehr so, daß sich Frauen aus einem bestimmten Lebensumstand heraus, der sie meist persönlich stark treffe, zur Aufnahme einer selbständigen beruflichen Tätigkeit entschieden.[10] Fehlende branchenspezifischen Erfahrungen und entsprechende berufliche Qualifikationen[11] sind aber dann eine der ausschlaggebenden Ursachen für Unternehmenspleiten!

Was bei Frauen als Ansporn zurücktritt, bei Männern aber relativ hoch bewertet wird, ist das Motiv der Gewinnmaximierung.[12] Da wundert es nicht, daß selbständig tätige Frauen – anders als Männer – bei weitem nicht den wirtschaftlichen Erfolg vorweisen

[9] Gather, Claudia/Hübner, Sabine: Voraussetzungen, Schwierigkeiten und Barrieren bei Existenzgründungen von Frauen, Untersuchungsbericht für den Senator für Wirtschaft und Arbeit, Berlin 1985, S. 90

[10] Vgl. BMFJ: Förderung der beruflichen Selbständigkeit von Frauen, a.a.O., S. 15

[11] Vgl. ebd.

[12] Assig, Dorothea, und andere: Existenzgründungsförderungsmaßnahmen für Frauen, Problemaufriß, Darstellung und Beurteilung bereits existierender frauenspezifischer Maßnahmen/Aufzeigen von Notwendigkeit und Möglichkeiten einer zukünftigen frauenorientierten Existenzgründungsförderung, Expertise für das Bundesministerium für Jugend, Familie und Gesundheit, Berlin, August 1987, S. 5

können, den eine Selbständigkeit gemeinhin zu versprechen scheint. Im Durchschnitt erzielen sie ein geringeres Einkommen als ihre männlichen Mitbewerber. Woran das liegt, haben schon zahlreiche Studien zu klären versucht. Neben Untersuchungsergebnissen, die die typischen Vorurteile gegen Frauenexistenzen zu unterstreichen scheinen (von anderen Studien jedoch zum Teil widerlegt werden konnten) und neben rein spekulativen Antworten auf diese Fragen, gibt die Statistik folgende Antwort:

- Frauen nehmen mögliche Hilfen zum Beispiel in Form von Förderprogrammen und Unterstützungen durch Informationsmaterial weniger in Anspruch als Männer.
- Die von Frauen bevorzugten Branchen bergen ein hohes Risiko, weil sie bereits durch zu viele Konkurrentinnen und Konkurrenten besetzt und die Handlungsspielräume sehr gering sind.[13]

Vielleicht liegt hierin auch die oft beklagte Zurückhaltung der Banken begründet, Existenzgründungsvorhaben von Frauen zu unterstützen.

Nach Mikrozensus-Untersuchungsergebnissen von 1991 sind 41 % aller Erwerbstätigen in Deutschland Frauen, sie stellen jedoch nur 26 % der rund 3 Millionen Selbständigen. Qualifizierungsdefizite, wie sie in früheren Jahren gerne als Gründe für die mangelnde Beteiligung von Frauen in Entscheidungspositionen genannt wurden, sind heute kaum mehr auszumachen. Woran liegt es also?

[13] Vgl. ebd.

Die Studie »Förderung der beruflichen Selbständigkeit von Frauen als Beitrag zur kommunalen Wirtschaftsentwicklung«, angefertigt im Auftrag des Bundesministerium für Frauen und Jugend, stellt hierzu folgendes fest: Eine besondere Anziehungskraft auf existenzgründungswillige Frauen üben immer noch der Einzelhandel und die im weitesten Sinne modeorientierten Berufe aus. Die Gründungsbereitschaft im Handwerk, der Industrie oder in wirtschaftsnahen Dienstleistungsfeldern ist dagegen sehr gering. So ist von vornherein das Betätigungsfeld von Frauen als Unternehmerinnen relativ eingeschränkt.

Hieraus resultiert auch der deutliche Einkommensunterschied zwischen männlichen und weiblichen Selbständigen. Fast ein Drittel aller weiblichen Selbständigen weisen nur eine Nebenerwerbsexistenz auf. Das Nettoeinkommen von gut der Hälfte aller selbständig tätigen Frauen liegt unter 2000 DM im Monat. Ohne weiteres Familieneinkommen könnte das Existenzminimum nicht gesichert werden. Der hohe Wettbewerb und die große Konjunkturabhängigkeit der von Frauen bevorzugten Branchen sind weitere Gründe für die deutlichen Einkommensunterschiede.

Häufig fehlt es auch an Engagement. Manche Gründungen werden spontan vorgenommen, ohne fundierte Vorbereitung, ohne Beratung und ohne Inanspruchnahme der vielen öffentlichen Hilfen. Den Gründerinnen fehlen in solchen Fällen auch oft kaufmännische oder berufsspezifische Kenntnisse und typische Unternehmerinneneigenschaften wie zum Beispiel Verhandlungsgeschick gegenüber Kunden, Lieferanten und Personal.

Wieder anderen fehlt auch die Unterstützung durch

das direkte familiäre Umfeld und den Freundeskreis. Auch hier ist ein Scheitern vorprogrammiert. Wochenarbeitszeiten von 60 Stunden und mehr, Hektik im Betrieb, Überforderung vor allem in der Gründungsphase, wenn noch nicht alles in so geraden Bahnen läuft, und »nebenher« noch Kinder – dies ist nur schwer und unter großem Verzicht zu bewältigen. Die Betreuung der Kinder muß organisiert, eventuell eine Fremdbetreuung finanziert werden. Trotz allem bietet – so die Studie – gerade die berufliche Selbständigkeit auf Grund ihrer größeren Freiheiten bei der Organisation des Arbeitstages bessere Möglichkeiten, Familie und Beruf miteinander zu verbinden.

Ein großes Manko gründungswilliger Frauen ist oft ihre geringere Qualifikation im Vergleich zu der von Männern. So stellt die Studie auch fest, daß immer noch zu wenige Frauen es wagen, alle ihre vorhandenen beruflichen Qualifikationen und Erfahrungen für den Aufbau einer selbständigen Existenz zu nutzen. Weniger erfolgversprechende Betätigungsfelder werden bevorzugt.[14] Sobald Frauen in Wirtschaftsbereichen wie Handwerk, Industrie und freien Berufen Existenzen gründen, Bereichen also, die als erfolgversprechender gelten, sind Unterschiede zu ihren männlichen Mitbewerbern kaum mehr auszumachen.

Eins ist und bleibt auch für die Zukunft vollkommen klar: Für Frauen, die die Selbständigkeit anstreben, gibt es keine Frauenquote. Der Markt entscheidet über die Güte der Geschäftsidee, das Unternehmenskonzept und den Erfolg als Unternehmerin. Eine klare Perspektive, ein Ziel, auf das man hinarbeitet, solides

---

[14] Vgl. zu den Ergebnissen dieser Studie: BMFJ: Förderung der beruflichen Selbständigkeit von Frauen, a. a. O., S. 40–44

kaufmännisches Wissen und fundierte Berufskenntnisse, die Fähigkeit, Marktchanchen zu erkennen und zu nutzen und – last but not least – ein tragfähiges Finanzierungskonzept, das sind die Pfeiler, auf denen ein Unternehmen erfolgreich aufgebaut werden kann.

Die Sicht der Wirtschaftspolitik

Der rheinland-pfälzische Wirtschaftsminister Rainer Brüderle wies in seiner Eröffnungsrede zum Forum für Existenzgründerinnen, das am 27. März 1995 in Bingen stattfand, darauf hin, daß das Potential gut ausgebildeter Frauen für die Wirtschaft unverzichtbar sei. Es sei das ureigenste Interesse der Wirtschaft selbst, daß Frauen den von ihnen gewünschten Platz in der Wirtschaft einnähmen. Für ihn sei das Thema Frauen und Selbständigkeit ein Schwerpunkt der Wirtschaftspolitik. In Rheinland-Pfalz sind inzwischen – wie bereits erwähnt – einige Anstrengungen unternommen worden, um Frauen als Existenzgründerinnen gezielt zu fördern. Trotzdem – darauf wies auch Rainer Brüderle hin – müssen Frauen leider heute immer noch doppelt so gut sein wie ihre männlichen Mitbewerber, um die gleiche Anerkennung zu erreichen. Dies gelte für Existenzgründerinnen ebenso wie für weibliche Mitarbeiterinnen in Unternehmen.

Beispielhaft für die Anstrengungen der Wirtschaftsministerien, die – so und ähnlich – auch in einigen anderen Bundesländern unternommen werden, seien hier die rheinland-pfälzischen Schritte zur Förderung weiblicher Selbständigkeit genannt:

1. Seit 1989 wird eine geschlechtsspezifische Gewerbestatistik geführt. So ist es zum erstenmal möglich, Aussagen über Schwerpunkte weiblicher Selbständigkeit zu erhalten.

2. Ein vom Wirtschaftsministerium in Auftrag gegebenes Gutachten über geschlechtsspezifische Probleme von weiblichen Selbständigen verfolgt den gleichen Zweck.

3. »Frauen sind selbständig – Frauen machen sich selbständig« – diese landesweite Aktion unterstützt Existenzgründungen von Frauen.

4. Die Einrichtung eines Gründerinnen-Telefons, das Frauen schnell und unkompliziert weiterführende Informationen vermittelt, ist eine weitere Maßnahme der Unterstützung.

Das Hauptproblem aller Existenzgründungen von Frauen ist der Mangel an Eigenkapital. 70 % der Unternehmenspleiten gehen hierauf zurück. Die mangelnde Finanzausstattung und die oft mangelhafte Finanzplanung von Frauenprojekten weisen auch eine subjektive Komponente auf. Viele Frauen haben das Gefühl, mit ihrem Vorhaben von den Banken nicht ernst genommen zu werden. Um das Manko der ungenügenden finanziellen Vorausplanung wirksam zu bekämpfen, hat das rheinland-pfälzische Wirtschaftsministerium in Zusammenarbeit mit der ISB, der Investitions- und Strukturbank Rheinland-Pfalz GmbH, die Broschüre »Ihre ersten 7 Schritte in die Selbständigkeit« herausgegeben. Sie enthält eine detaillierte Beschreibung der einzelnen Förderprogramme, ihrer Anspruchsvoraussetzungen und ihre Zielgruppen.

So wird in Rheinland-Pfalz versucht, durch ein regelrechtes Beratungsnetzwerk von ISB, Kammern und Ministerium wirksame Hilfen für Frauen zu schaffen, die eine Selbständigkeit planen.

Ähnliche Initiativen zur Unterstützung von Existenzgründungen durch Frauen gibt es auch in anderen Bundesländern. So werden zum Beispiel in Nordrhein-Westfalen Gründungsvorhaben von Frauen mit dem Aktionsprogramm »Frau und Beruf« stärker gefördert. Ein anderes Programm »Impulse für die Wirtschaft – Baustein Gründung und Wachstum« beinhaltet eine Bevorzugung von Frauenvorhaben durch eine Bonusregelung. Für Frauen wird die Mindestsumme für Investitionen, die bezuschußt werden, abgesenkt, und generell werden die Zuschüsse für Gründungs- und Betriebsberatung erhöht.

Auskünfte über den aktuellen Stand der länderspezifischen Förderprogramme erhält man von den Wirtschafts- und Frauenministerien im betreffenden Bundesland. Rufen Sie einfach einmal an und lassen sich das in der Regel kostenlose Informationsmaterial zuschicken.

Fit für die Selbständigkeit?
Persönliche und fachliche
Voraussetzungen

Frauen eröffnen sich mit ihrer Selbständigkeit neue Chancen. Diese Chancen liegen zum Beispiel in den Bereichen Unabhängigkeit, Verwirklichung eigener Ideen und dem Verfolgen selbst gesetzter Ziele. Auch ein höheres oder ein eigenes Einkommen kann eines der angestrebten Ziele sein. Als Chefin eröffnet man sich die Chance, seine Arbeit in Form und Inhalt selbst zu bestimmen. Diese Chancen lassen sich freilich nur nutzen, wenn man fit für die Selbständigkeit ist. Dazu gehört, daß notwendige persönliche und fachliche Voraussetzungen vorhanden sind.

Zu diesen persönlichen und fachlichen Voraussetzungen zählen Eigenschaften, ohne die es nur sehr schwer zu einer erfolgreichen Gründung kommen wird. Genauso gehören dazu spezifische Fähigkeiten, die man mitbringen muß oder sich noch aneignen sollte; kaufmännisches Wissen ist unabdingbar.

Und nicht zuletzt: Auch das persönliche Umfeld muß stimmen! Wer ohne Unterstützung oder sogar gegen Widerstand im persönlichen Umfeld eine Existenzgründung plant und durchführt, der gibt eher auf oder wird durch die fehlende Unterstützung zur Aufgabe gezwungen.

Sich selbständig zu machen gleicht einem Sprung ins kalte Wasser. Ob dieses »kalte Wasser« aber nun eiskalt oder erträglich kühl ist, hängt entscheidend von der Planung und der realistischen Selbsteinschätzung ab. Je besser Sie sich selbst kennen, desto souveräner entscheiden Sie auch in unvorhergesehenen Situationen, von denen es in der Gründungsphase sicher eine Menge geben wird.

Vielleicht sind Sie aber auch noch in einer sehr frühen Planungsphase und entdecken, daß Ihnen entscheidende Unternehmerinneneigenschaften fehlen. Unter Umständen wird es dann besser sein, die Pläne zu den Akten zu legen und etwas zu tun, was den persönlichen Eigenschaften besser entspricht. Fähigkeiten können erworben werden, fehlendes Wissen neu aufgeholt werden, liebgewonnene Gewohnheiten über Bord geworfen werden, wenn attraktive Ziele erreicht werden sollen. Eigenschaften aber sind ein Teil der Persönlichkeit und nur schwer veränderbar.

Auch Ihr persönliches Umfeld läßt sich nicht von heute auf morgen radikal verändern, nur weil die eigene Lebensplanung eine selbständige Existenz vorsieht. Eine selbständige Existenz kann weitreichende Folgen nicht nur für die Existenzgründerin selbst, sondern auch für ihren Freundes- und Bekanntenkreis und den Familienverbund haben. Ein wasserdichtes Konzept, eine grandiose Idee, Engagement bis zum Umfallen – dies kann ganz schlicht zu Fall gebracht werden durch einen unzuverlässigen Babysitter.

Eine ehrliche Selbstprüfung erspart viel Frust und Geld. Es kann eine harte Prüfung sein, zu beobachten, daß die eigenen Kinder mit viel Spaß und bei strahlendem Wetter mit ihrer Kinderfrau im Freien herumtollen, während Sie angespannt im Geschäft stehen. Können Sie akzeptieren, daß jemand anderes die aufgeschrammten Knie verbindet und Trost spendet? Sind

Sie weit genug vom traditionellen Rollenbild entfernt, um auch die – mit Sicherheit kommenden – Anfeindungen der Umgebung gegen die »Rabenmutter« ertragen zu können?

Sind Sie fit für die Selbständigkeit?

Unabdingbare persönliche Voraussetzungen

Ihre persönliche Konstitution ist ein wichtiger Schlüssel zu Ihrem Erfolg. Das bedeutet keinesfalls, daß nur Hochleistungssportlerinnen erfolgreiche Unternehmerinnen werden können. Aber körperliche Fitness und Leistungsfähigkeit helfen, sich auf die wesentlichen Dinge zu konzentrieren. Schauen Sie zurück in die letzten Jahre. Wie häufig waren Sie krank? Gehören Sie zu den Menschen, die praktisch nie krank werden, oder springt Sie jeder Schnupfen an?

Ihre Art, mit Streß fertig zu werden, ist ein weiterer Schlüssel zum Erfolg – oder zum Mißerfolg. Streßsituationen lassen sich weder für Existenzgründerinnen noch für Unternehmerinnen vermeiden. Immer wieder wird es zum Beispiel vorkommen, daß Sie ein Lieferant hängenläßt, während der Kunde schon dringend auf Ihre Lieferung wartet.

Oder: Sie haben einen dringenden Termin, aber der Wagen springt nicht an.

Oder: Sie erhalten gerade einen Brief vom Finanzamt, das Ihnen mit Erzwingungsgeld droht, weil Sie eine wichtige Erklärung nicht abgegeben haben, da kommt eine Mitarbeiterin aufgelöst herein, weil im Lager ein Regal zusammengebrochen ist, und gleichzeitig ruft ein Kunde an, der sich beschweren will.

Verlieren Sie in solchen und ähnlichen Situationen die Fassung?

Diese Horrorszenarien sind nicht aus der Luft gegriffen, sondern Erfahrungen aus der Praxis. Prüfen Sie, ob Sie Streßsituationen auf Dauer standhalten können. Sind Sie eine Problemlöserin, oder machen viele verschiedene Probleme auf einmal Sie nervös?

Auch Ihr Entscheidungsvermögen und Ihr Entscheidungsverhalten sind von großer Bedeutung für Ihren Erfolg als Unternehmerin.

Sicher ist noch kein Meister vom Himmel gefallen. Als Unternehmerin stehen Sie jedoch für Ihre falschen Entscheidungen selber gerade. Für die einen ist dies eine reizvolle Angelegenheit, andere wiederum scheuen diese Verantwortung. Wenn Sie Ihre Entscheidungen bisher lieber einem Vorgesetzten überlassen haben, so wird Ihnen der Schritt in die Selbständigkeit sicher schwerer fallen als anderen, die sich förmlich danach sehnen, endlich die Entscheidungen treffen zu können, die sie für richtig halten.

Entscheidungsfreude und Verantwortungsbewußtsein sind Unternehmerinneneigenschaften, die unabdingbar sind. Wenn Sie sich also bewußt entscheiden können und auch die Konsequenzen Ihrer Entscheidungen zu tragen bereit sind, verfügen Sie über einen wichtigen Pluspunkt für sich.

Als Orientierungsschnur für unternehmerische Entscheidungen dienen die selbst gesetzten Ziele. Die Fähigkeit, sich selber Zeile zu setzen und diese Ziele auch konsequent zu verfolgen, ist eine weitere unabdingbare Eigenschaft, die Existenzgründerinnen mitbringen müssen. Wenn Sie selbständig sind, so ist niemand mehr da, der Ihnen die Richtung vorgibt. Sie allein sind dafür verantwortlich. Sicher können Sie Ihre Ziele mit anderen diskutieren, die Entscheidung aber, in welche Richtung Sie gehen wollen, liegt allein bei Ihnen.

Können Sie sich Ziele setzen, die erst in fünf oder zehn Jahren zu erreichen sind? Ist Vorausplanung eine Ihrer Stärken? Oder entscheiden Sie lieber von Tag zu Tag neu, wo es langgehen soll?

Mit einer zu kurzfristigen Denkweise beeinträchtigen Sie Ihre Erfolgsaussichten.

Stellen Sie sich die Betriebsführung wie ein Schachspiel vor. Ein unbedachter Schritt kann nur schwer zurückgenommen werden. Jede Bewegung hat Konsequenzen für den Spielverlauf. Eine unüberlegte Rochade kann den König in Schwierigkeiten bringen. Aber auch die schnelle Entschlußkraft ist für eine Unternehmerin von wesentlicher Bedeutung. Vorausplanung und schnelle Entscheidung schließen sich aber nicht aus. Im Gegenteil: Wenn klar ist, in welche Richtung der Zug fahren soll, so fällt die Entscheidung, an dem einen oder an einem anderen Bahnhof zu halten, viel leichter.

Notwendige fachliche Voraussetzungen

Es gibt Fähigkeiten und Voraussetzungen für eine selbständige Existenz, die muß man einfach haben, und es gibt solche, die müßte man eigentlich haben. »Muß« bedeutet, daß Sie ohne diese Voraussetzungen bestimmte Betriebe nicht gründen dürfen, »müßte« heißt, daß ein Mitbringen dieser Eigenschaften sicher hilft, ein Fiasko zu vermeiden.

Zu diesen nicht zwingend vorgeschriebenen, aber

trotzdem wünschenwerten Fähigkeiten gehören zum Beispiel umfassende fachspezifische Kenntnisse. Als Existenzgründerin und Unternehmerin müssen Sie ständig Entscheidungen treffen. Angeeignete Kenntnisse und Erfahrungen aus Ihrer Branche helfen Ihnen, sich für den richtigen Schritt zu entscheiden. Ohne dieses Fachwissen werden Sie immer wieder in die Zwickmühle geraten, Entscheidungen nicht richtig abwägen zu können.

Wenn Sie Fach- und Branchenkenntnisse mitbringen, so wissen Sie auch, welche Aufgaben auf Sie zukommen und wie Sie diese lösen können. Dazu zählen nicht nur die praktische Arbeit, sondern auch Erfahrungen im Umgang mit Mitarbeitern, in der Gestaltung von Verkaufsgesprächen, im Verhandeln mit Lieferanten und in vielem mehr.

Rund 40 % aller Neugründungen schlagen bereits in den ersten beiden Geschäftsjahren fehl.[15]

Zu den fachlichen Voraussetzungen, die erfüllt sein *müssen*, bevor man einen Betrieb gründen darf, zählt zum Beispiel die Eintragung in die Handwerksrolle: Die Ausübung eines Handwerks ohne eine solche Eintragung ist nicht erlaubt. Die Handwerksordnung zählt in ihrer Anlage A 125 Berufe auf, die handwerksmäßig betrieben werden können. In die Handwerksrolle wird nur eingetragen, wer:

- eine Meisterprüfung in dem betreffenden Handwerk abgelegt hat oder
- eine gleichgestellte Prüfung (zum Beispiel Ingenieurexamen der Fachhochschulen mit Fachpraxis) oder

[15] BMFJ: Förderung der beruflichen Selbständigkeit von Frauen, a.a.O., S. 11

- eine Ausnahmebewilligung erhält (zum Beispiel bei einer Betriebsübernahme ist innerhalb von 2 Jahren die Meisterprüfung abzulegen);
- bei Personengesellschaften (GbR, OHG, KG) ist die Meisterprüfung oder eine Ausnahmebewilligung eines persönlich haftenden Gesellschafters, der auch für die technische Leitung des Betriebes verantwortlich ist, notwendig;
- bei juristischen Personen (GmbH) muß der Betriebsleiter, der angestellt wird und anders als bei Personengesellschaften nicht Mitgesellschafter sein muß, die Meisterprüfung oder eine Ausnahmebewilligung vorlegen können;
- bei handwerklichen Nebenprüfungen ist die Meisterprüfung oder Ausnahmegenehmigung des Inhabers oder eines angestellten Betriebsleiters für die Eintragung in die Handwerksrolle notwendig.[16]

Wenn Ihr zukünftiger Betrieb also dem Handwerk zuzuordnen ist, überprüfen Sie, inwieweit Zugangsbarrieren bestehen und welche fachlichen Kenntnisse Sie sich eventuell noch aneignen müssen. Erkundigen Sie sich frühzeitig bei Ihrer Handwerkskammer, welche Voraussetzungen Sie erfüllen müssen.

Läßt sich Ihr Betrieb nicht der Handwerkskammer zuordnen, so ist in den meisten Fällen – mit Ausnahme der freien Berufe – die Industrie- und Handelskammer der richtige Ansprechpartner für Sie. Im Anhang finden Sie die Adresse Ihrer Industrie- und Handelskammer. Hier kann man Ihnen Auskunft über beste-

---

[16] Vgl. hierzu: Bausteine zum Erfolg, Selbständig im Handwerk, Ratschläge, Hinweise, Infos, herausgegeben von: Handwerkskammer der Pfalz und Handwerkskammer Rheinhessen, Kaiserslautern und Mainz, o. D., S. 3 f.

hende Zugangsvoraussetzungen geben, ob Sie beispielsweise eine Konzession brauchen.

Eine Konzession ist eine amtliche Erlaubnis, ein Gewerbe zu betreiben, für das eine Zulassungsbeschränkung gilt. Diese Konzessionen sind ein Instrument des Staates, den Zulauf in bestimmten Branchen zu regulieren. Konzessionen gibt es zum Beispiel im Gastgewerbe und im Fernverkehr.

Ist vielleicht eine Gesundheitsprüfung erforderlich? Sind sonstige Zulassungsprüfungen oder Genehmigungen nötig? Müssen Sie ein Führungszeugnis anfordern? Brauchen Sie eine Ausbildereignungsprüfung? Diese Fragen kann Ihnen Ihre Kammer beantworten. Sie informiert Sie auch über den Ablauf und die Anmeldeverfahren für die noch zu erbringenden Leistungen.

Freiberuflich Tätige, die weder der Handwerkskammer noch der Industrie- und Handelskammer zugeordnet werden, finden Rat bei den für sie zuständigen Berufsverbänden und Kammern.

Ohne kaufmännisches Wissen läuft gar nichts!

Kaufmännisches Wissen ist eine notwendige Voraussetzung, wenn Sie eine selbständige Existenz gründen wollen. Haben Sie es noch nicht, so versuchen Sie sich dieses bis zu Ihrer Gründung durch den Besuch von Schulungen und Seminaren und durch die Lektüre entsprechender Bücher anzueignen. Es gibt sicher auch in Ihrer Nähe einen Weiterbildungsträger, wie zum Beispiel die fast überall vorhandene Volkshochschule, der Ihnen auf preiswertem Wege hilft, sich noch fehlende Kenntnisse zu erarbeiten.

Natürlich können Sie einiges auf Ihren Steuerberater abwälzen. So müssen Sie sich nicht hinsetzen und die ganze Buchführung pauken. Obwohl Sie wenigstens eine Ahnung von Buchführung haben sollten und davon, wie Ihre Belege verbucht werden.

Wenn Sie auch nicht unbedingt den für Sie maßgeblichen Kontenrahmen kennen müssen, so gibt es doch andere kaufmännische Kenntnisse, ohne die es nicht geht. Es ist wichtig, daß Sie zum Beispiel wissen, was alles zu Ihren Kosten zählt, was ein Deckungsbeitrag ist und wie Sie Preise kalkulieren können. Kostenrechnung und Kalkulation sind für jedes Unternehmen wichtige Instrumente. Mit ihnen können Sie überhaupt erst zu einer realistischen Einschätzung Ihrer Marktchancen kommen.

Für die Leistungen, die Sie erbringen, müssen Sie Preise festlegen. Dabei ist für Sie von Bedeutung, in welchem Preiskorridor Sie sich bewegen können. Dies ist u. a. davon abhängig, wie hoch Ihre Kosten sind. Ihre Gesamtkosten setzten sich aus variablen Kosten und fixen Kosten zusammen. Als fixe Kosten bezeichnet man diejenigen Kosten, die Sie im laufenden Jahr kaum verändern können, egal welche Menge Sie produzieren. Diese fixen Kosten entstehen Ihnen dadurch, daß Sie Ihren Betrieb bereit halten. Man nennt sie auch die Bereitschaftskosten. Ihre sogenannten variablen Kosten sind abhängig davon, wieviel Sie an Leistungen produzieren. Je höher die Produktionsleistung, desto höher sind die variablen Kosten insgesamt.

Da die fixen Kosten in einer Planperiode (in der

Regel 1 Jahr) immer gleich hoch sind, nehmen die Kosten pro produzierter Einheit ab. Also:

Gesamtkosten = fixe Kosten + variable Kosten

Kosten pro Stück = $\dfrac{\text{Gesamtkosten}}{\text{Stückzahl}}$

Wenn Sie zum Beispiel 100 Teddybären produzieren, können Sie diese günstiger anbieten, als wenn Sie nur 10 Teddybären herstellen, denn die fixen Kosten, die pro Stück anfallen, verringern sich mit der Höhe der gesamten Ausbringungsmenge. Wenn Sie also mit einer Nähmaschine 100 Teddybären schaffen, dann ist der einzelne Teddy günstiger, als wenn Sie nur mit derselben Maschine 10 Stück nähen.

Kurz gesagt heißt das: Je besser Ihr Geschäft läuft, desto günstiger können Sie in der Regel anbieten.

Zur Kalkulation können Sie sich auch mit Kalkulationsmodellen behelfen, die branchenbezogene Kalkulationswerte enthalten. Sie sollten auf keinen Fall die Kalkulation irgendeines Freundes oder einer Freundin übernehmen, der/die aus einer ganz anderen Branche kommt. Denn zum Beispiel unterscheidet sich die Kalkulation eines Handwerksbetriebes grundlegend von der Kalkulation eines Dienstleistungsunternehmens. Eine Firma, die große Serien herstellt, muß anders kalkuliert als ein Betrieb, der sich auf Spezialanfertigungen konzentriert. Erkundigen Sie sich bei Ihrer Kammer nach den branchenüblichen Kalkulationen.

Neben den Kosten müssen Sie bei Ihrer Preisfestsetzung auch das Konkurrenzumfeld berücksichtigen. Je ähnlicher Ihre Produkte und Dienstleistungen denen Ihrer Konkurrenten sind, desto schwieriger wird es für Sie werden, einen höheren Preis als Ihre Konkurrenten am Markt durchzusetzen.

Je mehr Sie sich aber von anderen unterscheiden, desto schwieriger wird für Ihre Kunden der direkte Preisvergleich. Für die meisten Kunden ist heute auch nicht mehr allein der Preis maßgeblich, andere Größen spielen eine zusätzliche Rolle. Hierzu zählen zum Beispiel das Image, die Servicequalität oder der freundliche Umgang mit Kunden.

Stellen Sie sich einmal vor: Im Regal stehen zehn identische Weinflaschen nebeneinander. Jede hat einen anderen Preis, obwohl es sich offensichtlich um das gleiche Produkt handelt. Zu welcher Flasche würden Sie greifen? Doch wohl zu der, die preislich am günstigsten ist.

Nun stellen Sie sich vor: Es stehen neun identische Flaschen im Regal und daneben eine zehnte, die eine ganz besondere Ausstattung hat. Diese zehnte Falsche kostet eine Mark mehr als die anderen, die alle den gleichen Preis haben. Wie würden Sie hier entscheiden?

Von der veränderten Ausstattung ausgehend, schließen die Konsumenten bei der teureren Flasche automatisch auf eine bessere Qualität. Viele Firmen machen sich diese Illusion zunutze, um sich zum einen von der Konkurrenz abzusetzen und zum anderen bessere Preise zu erzielen.

Im Kapitel »Das Qutfit Ihres Betriebes« finden Sie Informationen darüber, wie Sie das Image Ihrer Firma bewußt beeinflussen können.

Wie sieht Ihr persönliches Umfeld aus?

Nicht jede Frau wird in der glücklichen Lage sein, sich auf die Unterstützung ihrer Familie und ihres übrigen persönlichen Umfelds verlassen zu können. In diesem Fall hat man sehr ungünstige Startchancen. Vor allem die Situation von Existenzgründerinnen, die eine Familie haben, kann unter diesen Umständen sehr problematisch sein und im negativen Fall sogar zur Aufgabe des Gründungsvorhabens bzw. Geschäftsaufgabe führen.

Führen Sie sich nur einmal vor Augen, was es bedeutet, wenn die Familie nicht mitzieht: Gesetzt den Fall, Sie hätten ein Einzelhandelsgeschäft für Damenoberbekleidung gegründet und müßten dringend zur Modemesse, um die neuen Kollektionen zu sichten und neue Ware einzukaufen. Sie haben Ihre Termine fest eingeplant, und im letzten Moment wird die Kinderfrau krank. Was nun? In einer entspannten familiären Situation, in der die Selbständigkeit der Mutter akzeptiert wird, werden sich sicher Lösungswege auftun. Vielleicht kann Ihr Mann einige Tage Urlaub nehmen, vielleicht springt die Mutter oder Schwiegermutter ein – mit etwas gutem Willen wird auch eine solche Situation zu meistern sein.

Ganz anders sieht es aus, wenn die Familie mauert. Natürlich kann sich der Mann keinen Urlaub nehmen, weil er im Beruf unabkömmlich ist, Schwiegermutter und Mutter haben wichtige Termine, und ein Babysitter ist auf die Schnelle nicht zu bekommen. Wohl oder übel müssen Sie die Termine absagen oder Ihr Kind notfalls mitnehmen. Letzteres kann ins reine Chaos führen: Sie versuchen, sich auf Ihre Einkäufe zu konzentrieren, das Kind quengelt, Ihre Verhandlungspartner/innen könnten sich als genervt erweisen, Ihnen wird mangelnder Geschäftssinn unterstellt.

Schon allein diese kleine Beschreibung einer durchaus nicht aus der Luft gegriffenen Situation zeigt, wie wichtig die Rückendeckung durch die Familie und das persönliche Umfeld ist.

Auch ohne Kinder und in nicht-ehelichen Lebensgemeinschaften können sich bei mangelnder Unterstützung große Probleme auftun: Der Partner möchte abends noch ein bißchen ausgehen, Sie aber müssen die Buchhaltung erledigen. Er möchte einen Wochenendausflug machen, Ihnen brennt die dringend notwendige Inventur auf den Nägeln. Selbständigkeit bedeutet eben nicht, pünktlich um 17 Uhr den Griffel fallenzulassen, sondern Selbständigkeit ist in erster Linie eine freizeitverschlingende Lebensform.

Neben großen Einbußen an Freizeit und freien Gestaltungsmöglichkeiten dieser freien Zeit müssen Sie noch weitere Einschränkungen in Kauf nehmen. Spontaneität ist nur noch bedingt möglich. Mal kurz einen Tag Urlaub nehmen und ins Grüne fahren, weil das Wetter so schön ist, davon sollten Sie Abstand nehmen. Solche Extravaganzen sind – zumindest zu Beginn, wo man meist noch nicht über eigenes und kompetentes Personal verfügt – in der Regel undenkbar. Statt dessen sind Organisationstalent und Disziplin gefragt.

Schon vor der Gründung sollte man überlegen, wie man für eventuelle Notfälle doppelte oder besser noch dreifache Absicherungen schafft. Einfache Stricke können reißen. Gerade für Fälle, wo noch kleine Kinder zu versorgen und betreuen sind, sind solche Organisationspläne, die im voraus erstellt werden, Gold wert.

Denken Sie ruhig den negativen Fall durch, er kommt bestimmt! Zum Beispiel: Der Kindergarten macht Urlaub. Der für Notfälle eingeplante Babysitter liegt mit Blinddarmreizung im Krankenhaus, und Ihr Kind hat die Windpocken. Verlassen Sie sich nicht darauf, daß immer alles gut gehen wird. Dies ist ein Trugschluß. Nur gute Organisation hilft im Notfall weiter. Und denken Sie immer daran: Letztendlich sind Sie auf sich selbst gestellt.

Andererseits sind Sie jetzt die Chefin! Kein Arbeitgeber kann etwas dagegen sagen, wenn Sie im Notfall Ihr Kind mit in den Betrieb bringen. Dies macht zwar nicht unbedingt einen guten Eindruck auf Kunden, sofern Sie Kundenverkehr haben, kann aber, je nach Branche, Alter des Kindes und sonstigen Umständen, durchaus ein Nothilfeprogramm darstellen.

Auch kinderlose Unternehmerinnen sind nicht gegen einen Katastrophenfall gefeit. Stellen Sie sich vor: Sie haben auf der Herbstmesse einen Stand gemietet, Ihr Partner will beim Transport der Ausstellungsgegenstände helfen. Sein Transporter hat aber bereits auf den ersten Metern einen Motorschaden, und Sie müssen ein Ersatzfahrzeug besorgen. Die Druckerei, bei der er noch Ihr Prospektmaterial abholen sollte, schließt in einer halben Stunde, und die Messehosteß hat sich für den Eröffnungstag krank gemeldet.

Existenzgründerinnen, die Kinder haben, müssen sich jedoch nicht nur fragen, wie die Kinderbetreuung organisatorisch ablaufen könnte, sondern Sie sollten auch in sich gehen, ob Sie überhaupt bereit sind, den Verzicht auf Familienleben zu leisten. Es ist ein großer Unterschied, ob man angestellt arbeitet und, wenn man nach Hause kommt, die freie Zeit für seine Familie zur Verfügung hat, oder ob man selbständig ist und dauernd die Gedanken an die eigene Firma mit sich herumträgt. Daneben erfordert die Selbständigkeit in der Regel einen größeren Zeitaufwand, so daß sich die Zeit, die für die Familie bleibt, erheblich reduzieren kann.

Gerade Familienfrauen müssen sich fragen: Will ich das wirklich auf mich nehmen? Zeit läßt sich nicht aufholen. Überlegen Sie also vorher, inwieweit Sie wirklich darauf verzichten wollen, die Entwicklung Ihrer Kinder mitzuerleben. Vielleicht arbeiten Sie ja auch in einer der Branchen, in denen sich Kinder durchaus miteinplanen lassen. Ihr Sohn kann vielleicht nachmittags an Ihrem Schreibtisch seine Hausaufgaben machen. Möglicherweise kann Ihre Tochter auch bei der Erstellung der Inventur helfen. Kinder, sobald sie dem Kleinkindalter entwachsen sind, übernehmen sehr gerne Aufgaben. Sie sehen, welche Arbeit ihre Mütter tun und fühlen sich wichtig, weil sie ihnen helfen dürfen. Dies erspart natürlich nicht die Organisation einer regelmäßigen Betreuung.

Checkliste zur Selbstprüfung

Gerda Lischke arbeitet an der Fachhochschule Nordostniedersachsen in Büneburg am Fachbereich Wirtschaft mit dem Schwerpunkt Finanzdienstleistungen. Sie berät seit 10 Jahren Kleinunternehmen und Projekte und hat in Berlin Gründungsrausch, eine Weiterbildungsinitiative für Existenzgründerinnen, mit aufgebaut und mehrere Jahre geleitet. Gerda Lischke ist Aufsichtsrätin der Ökobank e.G., Frankfurt. Sie hält für eine erfolgreiche Gründung besonders wichtig, bei den eigenen Fähigkeiten und Fertigkeiten anzusetzen und gefundene Ideen kritisch auf Marktfähigkeit und Umsetzungschancen zu überprüfen.

Vor der Überprüfung der Gründungsidee stehe jedoch zuerst die Überprüfung der 4 großen Ws. Dazu zählt sie:

1. Wer bin ich?

Diese Frage schließt die kritische Auseinandersetzung mit der eigenen Persönlichkeit ein. Diese soll zu einer besseren Einschätzung des eigenen unternehmerischen Ansatzes beitragen.

Helfen kann bei dieser Selbstüberprüfung auch eine Checkliste, die Gerda Lischke frauenspezifisch aufbereitet hat, um die besonderen Merkmale weiblicher Existenzgründung gezielt abzufragen. Diese Checkliste finden Sie auf Seite 51.

2. Was kann ich?

Diese Frage zielt auf die kritische Überprüfung der eigenen Branchenkenntnisse, der kaufmännischen bzw. kauffrauischen Fähigkeiten und der organisatorischen Stärken.

Sie bezieht auch Wünsche gründungswilliger Frauen nach der Aneignung weiterer Fähigkeiten und Kenntnisse ein.

3. Was will ich?

Soll allein oder eventuell mit anderen zusammen gegründet werden?

Paßt die Idee zur eigenen Persönlichkeit, welche Vorstellungen sollten schon immer in die Realität umgesetzt werden? Diese und ähnliche Fragen muß Frau sich stellen, bevor sie gründet.

4. Wieviel Zeit habe ich?

Hier wird die realistische Einschätzung der Zeit, die für das eigene Unternehmen aufgewendet werden kann, gefordert. Hier ermitteln Sie auch, ob die notwendige Energie, die Sie brauchen, bei Ihnen tatsächlich vorhanden ist. Ist das Umfeld wie die eigene Familie, der Partner, der Freundeskreis bereit, Ihre neue Zeitaufteilung zu akzeptieren?

Diesem vierten W untergeordnet ist ein fünftes W, das für viele Frauen große Bedeutung haben dürfte:

5. Welche Unterstützung habe ich? Und welche kann/muß ich organisieren?

Die folgende Checkliste zur Vertiefung der Selbstprüfung bietet einen Überblick über Einstellungen und unternehmerisches Verhalten. Auch hier geht es nicht darum, das Idealbild einer Gründerinnenpersönlichkeit zu entwerfen, deren Erfolg gesichert ist. Die gibt es wohl nicht. Vielmehr ist wichtig, daß eine Existenzgründerin sich kritisch mit sich selbst, ihren Stärken und Schwächen im Hinblick auf die geplante Gründung auseinandersetzt. Die korrekte Einschätzung der eigenen Persönlichkeit kann positiv genutzt werden. So sollte eine Frau, die ungern mit fremden Menschen umgeht, für die Kundenakquisition vielleicht eine Partnerin einplanen.

Wer seine Stärken kennt, kann sie nutzen, und wer seine Schwächen kennt, der kann daran arbeiten oder sie zumindest einkalkulieren. Nicht zuletzt hat sich außerdem schon manche Schwäche als Stärke erwiesen.

Achtung: Wer auf die meisten Fragen nur mit »weiß nicht« antworten kann, sollte die Finger von einer Gründung lassen.

Checkliste

Unternehmerische Einstellung
Bin ich:
– vor allem sicherheitsorientiert
– vor allem risikoorientiert
– aufgeschlossen gegenüber Neuem
– fähig, auch Mißerfolge durchzustehen und produktiv zu verarbeiten
– bereit, andere zu führen
– eine Frau mit ausgeprägtem Gestaltungswillen
Energie und Leistung
Bin ich:
– auch unter Streß arbeitsfähig
– häufig krank gewesen oder gesundheitlich gefährdet
– abwägend auch in Krisensituationen
– mir der eigenen Reserven und Grenzen bewußt
– eine, die Projekte mit Schwung beginnt
– zögerlich bei Entscheidungen
– fähig, meine Kräfte gezielt einzusetzen
– schnell entmutigt

Umgang mit anderen:
Bin ich:
- motivierend für Partnerinnen und Mitarbeiterinnen
- kontaktfreudig
- vor allem Einzelkämpferin
- entfalte ich mich am besten in einem Team
- in der Lage, Kritik anzunehmen
- in der Lage, Kritik zu üben
- eine Frau, die keine Schwierigkeiten hat, Weisungen zu erteilen

Übersicht:
Bin ich:
- eine, die gut plant und überlegt handelt
- fähig, Prioritäten zu setzen
- fähig, Arbeit zu delegieren (und diese zu kontrollieren)
- eine, bei der oft Dinge unerledigt liegen bleiben
- fähig, Wichtiges von weniger Wichtigem zu unterscheiden

Gespür:
Bin ich:
- fähig, gute von schlechten Vorschlägen, Ideen etc. zu unterscheiden
- bereits einmal mit beruflichen Krisen konfrontiert gewesen
- bereit, das eigene Urteil über das Dritter zu stellen
- eine Frau, die schon häufiger Gespür für Kommendes bewiesen hat
- bereit, aus meinen Fehlern zu lernen

Umfeld:
- Werde ich ausreichend von meinem Partner oder meiner Partnerin, Familie, Freundinnen und Freunden unterstützt

– Falls pflegebedürftige Angehörige da sind: Habe ich
  genügend Spielraum?

Aus der Bestandsaufnahme der 5 Ws erfolgt die Ermittlung des eigenen Lernbedarfs. Ebenso ist auch
möglich, durch Kooperation mit anderen die fehlenden Eigenschaften zu ergänzen oder vorhandene zu
stärken.[17]

Die kritische Auseinandersetzung mit sich selbst anhand des Fragenkatalogs und der Checkliste ist ein
wichtiger Schritt, wenn das Gründungsvorhaben gelingen soll. Wer seine eigenen Stärken und Schwächen
kennt, wer weiß, über welche Ressourcen er verfügen
kann, was er selbst in den Betrieb einbringen kann
(und will) und wo er sich auf andere stützen muß, wer
mit dem nötigen Realismus – aber nicht ohne Enthu-
siasmus – an die Verwirklichung seines Plans heran-
geht, der verbessert seine Start- und Bestandschancen
entscheidend.

[17] Vgl. hierzu Lischke, Gerda: Die Persönlichkeit der Existenzgründerin, Vortrag gehalten im Auftrag des Ministeriums für Wirtschaft, Verkehr, Landwirtschaft und
Weinbau Rheinland-Pfalz anläßlich der Auftaktveranstaltung: Landfrauen sind
selbständig – Landfrauen werden selbständig, 5. Mai 1995 Maria Laach, nach Manuskript.

Typisch weibliche Fehler – gibt es die?

Die spontane, häufig aus grundlegender Veränderung der Lebensumstände resultierende Unternehmensgründung ist sicher ein Fehler, den Frauen eher zu machen bereit sind als Männer.

Ohne vernünftige Planung, ohne Gründungskonzept und Gründungsidee, ohne bzw. mit geringen Branchenkenntnissen ausgestattet, sind Existenzgründungsvorhaben in der Regel zum Scheitern verurteilt. Männer, die sich selbständig machen wollen, gehen häufig besser vorbereitet an den Start!

Ein weiteres frauenspezifisches Problem ist die fehlende oder mangelhafte Erfahrung aus vorherigen Berufszeiten. So wird im Leitfaden zur Frauenförderung in Betrieben festgestellt, daß, obwohl heute immer mehr Frauen über eine qualifizierte berufliche Ausbildung verfügen, ihre tatsächlichen Chancen im Beruf deutlich geringer sind als die ihrer männlichen Kollegen. Es zeige sich bei der Betrachtung von Frauen-Berufsleben, daß

1. Frauen sich trotz qualifizierter Ausbildung auf wenige, meist nicht sehr zukunftssichere Berufe konzentrieren;

2. Frauen häufig in unqualifizierten Positionen am unteren Ende der betrieblichen Hierarchie überrepräsentiert sind;

3. Frauen vielfach nicht entsprechend ihrer Qualifikation eingesetzt sind;

4. ihr Einkommen nicht immer dem ihrer Kollegen in gleichwertiger Funktion entspricht;

5. ihre Aufstiegschancen praktisch begrenzt sind und daher

6. sie selten Führungspositionen innehaben.[18]

Diese Beobachtung zeigt, daß sich Frauen während ihrer Berufstätigkeit in der Regel nur schwer solche Kenntnisse aneignen können, die für die Gründung und Führung eines Unternehmens notwendig sind. Weder lernen sie, ihre Qualifikationen voll auszureizen, noch erfahren sie, daß ihren Anstrengungen ein adäquater Erfolg zum Beispiel in Form einer Führungsposition zuteil wird.

Auch wer zehn Jahre als DOB-Verkäuferin gearbeitet hat, kann nicht ohne weiteres eine Boutique eröffnen. Wer aber schon als Verkäuferin energisch für mehr Kompetenz gekämpft hat, schließlich auch für den Wareneinkauf zuständig war und vielleicht sogar Vertreterin des Chefs geworden ist, der hat sich auch im alten Beruf schon qualifiziert und Kenntnisse und Fähigkeiten erlangt, die für eine Existenzgründerin unverzichtbar sind.

In der Regel aber ist der Spielraum für eigene Entscheidungen für Frauen im Beruf stark eingeengt, und ihre Erfahrungen sammeln sie oft in solchen Branchen, die sich für Gründungsvorhaben nur wenig eignen.

Ein weiteres Handikap der Frauen ist, daß sie durch ihr normalerweise geringeres Einkommen selten die Möglichkeit haben, ausreichende Rücklagen zu bilden. Anders als Männer lernen Frauen nicht von vorn-

---

[18] Vgl. BMFJ: Leitfaden zur Frauenförderung in Betrieben. Die Durchsetzung der Gleichberechtigung als Chance für die Personalpolitik, Bonn 1991, S. 7

herein, um Positionen und entsprechende Dotierungen zu feilschen. Die Erfahrung, daß sich mit guter Qualifikation gutes Geld verdienen läßt, fehlt ihnen häufig. Vielleicht besteht hier die Hürde, die Frauenvorhaben nur schwer überwinden können: Die Finanzausstattung ist oft unzureichend, Finanzpläne weisen Lücken auf, und Bankgespräche verlaufen deshalb für alle Seiten unbefriedigend.

Das kann man aber ändern. Frauen, die wissen, was ihre Leistung wert ist und die auch ein entsprechendes Salär einfordern, werden sicher auch mutiger an die Erstellung eines Finanzplanes und an das notwendige und hilfreiche Gespräch mit den Banken herangehen. Warum sollten Frauenleistungen weniger wert sein als Männerleistung? Doch nur deshalb, weil Frauen ihr Anliegen oft nicht selbstbewußt genug verteidigen.

Ein anderes frauenspezifisches Problem, das die Existenzgründung erschwert, ist das zeitweilige Abtauchen von Frauen in die Familienphase. Wenn die berufliche Tätigkeit aus Gründen der Kinderbetreuung für längere Zeit unterbrochen oder eingeschränkt werden muß, gehen Kenntnisse verloren und wertvolle berufliche Qualifikationen veralten.[19]

Die Halbwertzeit des Wissens, das heißt, die Zeit, in der das eigene Wissen wegen der ständigen Neuerungen nur noch die Hälfte wert ist, verkürzt sich in einigen Branchen dramatisch. Wer längere Zeit draußen ist, schafft nur schwer den Wiedereinstieg.

Gründungswilligen Frauen bleibt als Gegenmittel nur die kontinuierliche Nutzung aller Weiterbildungs-

---

[19] Vgl. BMFJ: Leitfaden zur Frauenförderung, a.a.O.

möglichkeiten in ihrer Branche und in übergeordneten Disziplinen, wie etwa Unternehmensführung, Kostenrechnung, Kalkulation und Rhetorik.

Außerdem lohnt es sich, den Erfahrungsaustausch mit anderen Frauen zu suchen. Neben dem Erfahrungsaustausch bieten zahlreiche Frauenvereinigungen auch Möglichkeiten zur beruflichen Weiterbildung an. Im Anhang sind einige dieser Clubs und Vereinigungen aufgeführt. Lassen Sie sich doch einfach einmal deren Programm zuschicken.

Die Kurzstudie des Bundesministeriums für Frauen und Jugend zur Förderung der beruflichen Selbständigkeit von Frauen kommt zu dem Schluß, daß frauengeführte Betriebe meist mit weniger wirtschaftlichem Erfolg bzw. geringerem Betriebswachstum geführt werden als von Männern geleitete Betriebe. Auch in einer Auswertung des Mikrozensus 1991 durch das Statistische Bundesamt wird resümiert, daß sich das monatliche Nettoeinkommen der Selbständigen deutlich nach Geschlecht unterscheidet. Mit anderen Worten: Frauenselbständigkeit ist bei weitem nicht so lukrativ wie die ihrer männlichen Kollegen.

Dies liegt aber nicht an einer Benachteiligung, wie spontan vermutet werden könnte, sondern daran, daß sich Frauen gerade solche Branchen als Betätigungsfeld aussuchen, die keine großen Einkommenschancen bieten. Hier ist vor allem der Einzelhandel oder auch die Handelsvermittlung für Kosmetika oder Haushaltsgeräte zu nennen.[20] Wer kennt nicht die AVON-Frau? Und wer hat noch nie an einer Tupper-Party teilgenommen?!

[20] BMFJ: Leitfaden zur Frauenförderung, a.a.O.

Frauen sind laut Mikrozensus vom April 1991 im gesamten Bundesgebiet bis heute vor allem im Bereich Handel und Dienstleistung selbständig tätig. Ihr Anteil ist hier überproportional hoch.[21] Der durchschnittliche Frauenanteil bei Selbständigen beträgt 26 %. Der Frauenanteil im Baugewerbe liegt unter 5 %, in Land- und Forstwirtschaft bei ca. 13 % und im verarbeitenden Gewerbe bei ca. 15 %. Im Wirtschaftsbereich Verkehr und Nachrichten sieht es mit 12–13 % auch nicht besser aus. Das heißt, Frauen sind in allen Wirtschaftsbereichen außer Handel und Dienstleistungen massiv unterrepräsentiert.

Vielleicht liegt der Mut zum Risiko, in diesen einkommensschwachen Branchen Fuß zu fassen, auch darin begründet, daß deutlich mehr Frauen keine qualifizierte Berufsausbildung haben und daß zudem deutlich weniger von ihnen einen Fach- bzw. Fachhochschulabschluß vorweisen können.[22]

Mut allein reicht also nicht. Viele Institutionen bieten solide Qualifizierungsmaßnahmen – inzwischen einige sogar speziell für Frauen – an. Vielleicht schauen Sie einmal in das Programm Ihrer örtlichen Volkshochschule. Vielfach werden hier hochkarätige Veranstaltungen angeboten. Neben den Volkshochschulen, die den großen Vorteil der örtlichen Nähe bieten, offerieren auch die Kammern ein umfassendes und bezahlbares Weiterbildungsprogramm.

Einkommensrelevante   Unterschiede   zwischen männlichen und weiblichen Selbständigen resultieren aber auch aus der Tatsache, daß 31,5 % der weiblichen Selbständigen angeben, ihren Beruf lediglich als Teil-

[21] ebd.
[22] ebd.

zeittätigkeit auszuüben. Die Kurzstudie vermerkt, daß dies nur auf 6,6 % der männlichen Selbständigen zutrifft.[23] Aus 50 % Arbeit kann natürlich nicht 100 % Einkommen resultieren!

[23] Vgl. BMFJ: Leitfaden zur Frauenförderung, a.a.O.

Was kommt zuerst?
Notwendige Schritte zur Betriebs-
gründung und -gestaltung

Gründung heißt Planung!

Der Erfolg einer Existenzgründung ist entscheidend davon abhängig, wie gut die einzelnen Schritte bis zur tatsächlichen Gründung vorgedacht worden sind. Sicher gibt es auch Gegenbeispiele: Tellerwäscherkarrieren, die aus dem Nichts ohne die geringste Planung zu traumhaftem Erfolg geführt haben. Aber: Leider ist das nicht die Regel, sondern eher ein schönes Märchen.

Vieles gilt es auf dem Weg in die Selbständigkeit zu bedenken. Zu den wichtigsten Fragen, die von Ihnen beantwortet werden müssen, gehören folgende:

- Ist meine Geschäftsidee wirklich tragfähig?
- Wie mache ich mich unverwechselbar?
- Habe ich echte Erfolgschancen in der gewählten Branche?
- Wie wähle ich meinen Standort aus?
- Ist mein Betriebskonzept wasserdicht?
- Welche Rechtsform paßt zu mir und meiner Idee?
- Ist mein geplanter Betrieb rentabel?
- Welches Risiko trägt mein Ehepartner?
- Mit welchen Steuern und Versicherungen werde ich belastet?
- Wo muß ich mich anmelden?

Die folgenden Kapitel geben Ihnen Hilfestellungen bei

der Beantwortung dieser und vieler weiterer Fragen auf Ihrem Weg in die Selbständigkeit.

Die richtige Geschäftsidee: Machen Sie sich einmalig!

Jede Existenzgründerin sollte sich vorab darüber Gedanken machen, worin ihre besondere Geschäftsidee besteht. Was kann sie Spezielles anbieten im Bereich Produkte und/oder Dienstleistungen, was andere so nicht können? Worin unterscheidet sich ihr Angebot von dem der Mitbewerberinnen und Mitbewerber?

Man spricht auch von USP – Unique Selling Proposition –, einem einzigartigen Verkaufsargument, im Deutschen kurz EVA (Einzigartiges Verkaufsargument) genannt. Gemeint ist, daß ein einzigartiges Verkaufsversprechen bei der Positionierung einer (neuen) Leistung herausgestellt wird.[24] USP und EVA sind notwendig geworden, weil Produkte und Dienstleistungen immer ähnlicher werden.

Heute gibt es einen nahezu identischen Produkt- und Dienstleistungsstandard. Wird ein neues Produkt oder eine neue Dienstleistung auf dem Markt angeboten, so muß es/sie irgendwie besonders und anders ausgestattet sein als die Konkurrenzprodukte, sonst gelingt die Markteinführung nicht.

Sie als zukünftige Unternehmerin müssen sich also überlegen, ob sich Ihre Geschäftsidee wirklich von den vielen anderen Geschäftsideen unterscheidet. Die klare Differenzierung ist eine der wichtigsten Voraus-

[24] Vgl.: Gabler Wirtschafts-Lexikon, a.a.O.

setzungen für eine gute Markteinführung. Fehlen Ihnen schon zu Anfang Ideen, sich von der Konkurrenz abzuheben, so werden Sie Probleme haben, sich mittel- bis langfristig am Markt durchzusetzen.

Was ist das Unverwechselbare Ihrer Marktleistung? Womit stiften Sie den zukünftigen Kunden einen wahrnehmbaren und besonderen Nutzen? Womit beeindrucken Sie den zukünftigen Konsumenten stärker, als Ihre Konkurrenz es tut? Wenn Sie auf diese Fragen eine überzeugende Antwort wissen, dann haben Sie eine der ersten Hürden zum eigenen Unternehmen genommen.

Die Ansprache der Zielgruppe

Eine der wichtigsten Fragen, die Sie sich stellen müssen, wenn Sie eine Leistung (Produkt- oder Dienstleistung) für andere erbringen wollen, ist: »Wer sind eigentlich meine Kunden?«

Diese grundlegende Frage soll Ihnen helfen, eine Zielgruppe oder mehrere Zielgruppen festzumachen, denn wenn eine Leistung – Ihre Leistung! – einen Markt finden soll, so darf sie nicht ins Blaue hinein, also ohne Kundenorientierung erstellt werden.

Erst eine klare Antwort auf diese Frage ermöglicht es, Unwägbarkeiten auszuräumen, wie etwa:

»Welche Bedürfnisse hat diese Zielgruppe?«

»Welchen Nutzen kann ich ihr stiften?«

»Was finden die Kunden bei mir, was sie bei anderen Mitbewerbern nicht finden?«

Nur die Entwicklung eines spezifischen Nutzens für eine bestimmte Gruppe von Menschen (= Zielgruppe), der von anderen Leistungen und anderen Mitbewerbern noch nicht – oder zumindest nicht zu den gebotenen Konditionen – abgedeckt wird, bringt Ihnen Erfolg am Markt. Sie müssen Ihre Kunden davon überzeugen, daß sie von Ihnen eine Leistung erhalten, die es anderswo so nicht gibt. Sie müssen sie mit einer neuen Idee beeindrucken und zum Kauf stimulieren.

Denken Sie an die Swatch-Uhr. Keiner hat den Schweizer Uhren noch eine Chance eingeräumt, als die Uhren-Welle aus Fernost über Europa hereinbrach. Plötzlich gab es billige Uhren en masse. Auch die Qualität dieser Billiguhren war beeindruckend. Trotzdem hat Hayek, der Erfinder und Produzent der Swatch-Uhren, ein Konzept entwickelt, mit dem er sich auf diesem randvollen Markt einen eigenen Bereich geschaffen hat, in dem er lange Zeit konkurrenzlos blieb: die Uhr als Zeitgeist-Chronometer, als austauschbares Kunstobjekt am Handgelenk. Die Uhr, die kein Konfirmationsgeschenk ist und nicht lebenslang zur Information des Trägers über die korrekte Zeit dient, sondern die Uhr, die nach Lust, Laune und Mode gewechselt wird und bei der die exakte Zeitmessung zur Nebensache wird. (So verwundert es nicht, daß man bei vielen Swatch-Uhren die Zeit kaum ablesen kann!)

Hayek hat eine Zielgruppe vor Augen, die trendy und jung ist oder sich so fühlt, die nicht viel Geld für eine Luxusmarke ausgeben will, weil ihr morgen schon wieder etwas anderes gefallen könnte, und die ihr Leben nach eigenen Vorstellungen gestaltet.

Auch für Sie ist es wichtig, daß Sie Ihre Zielgruppe kennen: Wer seine Zielgruppe vor Augen hat, ist davor geschützt, Leistungen nach den Prinzipien Zufall und Hoffnung anzubieten. Erst die Kenntnis der Zielgruppen ermöglicht Ihnen ein planvolles Vorgehen bei der Entwicklung der von Ihnen anzubietenden Produkte und Dienstleistungen. Dann fällt es Ihnen auch leichter, zu überlegen, was Sie noch zusätzlich anbieten können und müssen – zum Beispiel im Bereich Garantie- und Kundendienstleistungen. Auch die Regelung der Absatzwege, die Preisgestaltung und die Werbung und Öffentlichkeitsarbeit lassen sich um vieles einfacher gestalten, wenn man ein klares Bild von denjenigen entworfen hat, die man mit seinen Produkten und/oder Dienstleistungen ansprechen möchte. Zu wissen, wer die eigenen Produkte und Dienstleistungen nutzt bzw. in Zukunft nutzen soll, ist heute eine Grundvoraussetzung für Erfolg am Markt und mithin für Ihr Überleben als Selbständige.

Ein Beispiel: Sie planen einen Fahrrad-Kurierdienst in einer deutschen Großstadt. Zielgruppe sind solche Kunden, die auf schnellen Transport innerhalb der Stadtgrenzen angewiesen sind und zudem nur Briefe oder relativ kleinformatige Pakete zu transportieren haben, weil sonst Ihr Fahrrad-Kurier überfordert wäre. Also: Behörden und Firmen, die mehrere Zweigstellen haben; Betriebe, die mit anderen Firmen in Kooperationen zusammenarbeiten; Unternehmen, die dem Presse-, Druck- oder Grafikbereich zuzuordnen sind, weil hier fast immer auf die letzte Sekunde hingearbeitet wird; Unternehmen, bei denen es auf Schnelligkeit ankommt und die dafür auch einen entsprechenden Preis zu zahlen bereit sind.

Sie müßten das schnelle Abholen und Bringen der Lieferung garantieren können, da Ihre Leistung sonst uninteressant ist. Wenn Sie nicht schneller als die traditionellen Transportunternehmen, wie Post, UPS,

German Parcel u. a., arbeiten können, ist Ihr Unternehmen von Anfang an zum Scheitern verurteilt.

Gibt es in Ihrer Stadt noch kein vergleichbares Unternehmen, so sind Sie in der Preisgestaltung relativ frei. Sie können also zu einem Preis anbieten, der für Sie nicht nur kostendeckend, sondern auch gewinnbringend ist.

Da Sie Ihre Zielgruppe eingegrenzt haben, können Sie viel besser und zielgenauer bei interessanten Firmen für Ihre junge Firma werben, als wenn Sie durch ungenaue Postwurfsendungen die ganze Stadtbevölkerung informieren müßten.

Zielgruppenkonzepte helfen sowohl Ihnen als auch den Nutzern Ihrer Leistung. Sie haben durch die Kenntnis Ihrer Zielgruppen deren Bedürfnisse vor Augen und können so Ihre Leistungen auch nach der Gründung immer präzise auf die Zielgruppen abstimmen.

Sie entwerfen und produzieren nicht das, was Ihnen irgendwie einfällt oder was Sie irgendwie anbieten können, sondern überlegen sich von vornherein, welchen Nutzen Sie Ihren Zielgruppen bieten können.

Ihr Kunde kann von Ihnen direkt angesprochen werden. Das erspart ihm und Ihnen Kosten in den Bereichen Kommunikation und Kontrahierung, also zum Beispiel bei der Werbung, der Öffentlichkeitsarbeit und der Gestaltung Ihres Vertriebs. Auch ein zuverlässiges Direktmarketing – also die direkte Ansprache des Kunden – wird erst durch ein Zielgruppenkonzept möglich.

Zielgruppenkonzept heißt also:

● geringere Kosten pro Kunde für alles, was mit Werbung und Öffentlichkeitsarbeit zu tun hat (man spricht auch von »Kommunikationspolitik«), da durch zielgenaue Ansprache weniger Verluste (Papierkorb) entstehen;

- höhere Nutzen für die Kunden, da ihre Bedürfnisse besser berücksichtigt werden können und ihnen lästige Suchaktionen erspart bleiben (die ohnehin wegen der zunehmenden Bequemlichkeit immer seltener übernommen werden);
- höhere Kundenbindung, weil Sie durch Ihre direkte Ansprache Sympathie aufbauen;
- höhere Auslastungsgrade durch zusätzliche Nutzer;
- Erschließung neuer Zielgruppen, weil Sie mit genauem Blick auf die angepeilte Kundenzielgruppe Leistungskonzepte erstellen und anwerben können;
- stärkere Identifikation mit Ihrer Firma und Ihren Produkten, weil Sie Kunden, die Sie nach bestimmten Merkmalen ausgesucht haben, besser betreuen können und damit auch eine größere Treue Ihrer Kunden ernten können.

Das Outfit Ihres Betriebes – Corporate Identity und was dazu gehört

Bereits bei der Planung Ihres Unternehmens sollten Sie daran denken, daß jede Firma, und sei sie noch so klein, ein bestimmtes Bild nach außen vermittelt. Auch eine graue Maus gibt ein bestimmtes Bild ab. Dieses Firmenbild kann für Sie positiv, negativ oder auch neutral wirken.[25]

[25] Vgl. hierzu und zum folgenden: Durand-Noll, Madeleine: Unternehmenskultur: »Der Stern von Bethlehem« oder »Des Kaisers neue Kleider«, Sonderveröffentlichung der Kreissparkasse Cochem-Zell, Cochem 1990; Durand-Noll, Madeleine: Management by Joy. Neue Wege zur Unternehmenskultur, Zürich und Köln 1992

Gehen Sie doch in Gedanken noch einmal in die verschiedenen Restaurants, Hotels und Firmen, die Sie in letzter Zeit besucht haben. Wie war der erste Eindruck? Wie war die Bedienung? Welche Erwartungen wurden in den ersten Sekunden durch das Ambiente in Ihnen geweckt? Haben sich diese Erwartungen bestätigt?

Sie werden feststellen: Ihr erster Eindruck beim Besuch einer Firma, egal ob Produktions-, Dienstleistungs- oder Handelsunternehmen, prägt Ihre weiteren Erwartungen. Ihr erster Eindruck wird nicht nur durch die sichtbaren Dinge, wie Möbel, Teppichboden, Firmenzeichen, Gesamtdesign, Beleuchtung usw., beeinflußt, sondern Sie spüren gleich beim Empfang den »Geist« des Hauses, jenen immateriellen Bestandteil eines Unternehmens, der heute mehr und mehr über den Unternehmenserfolg entscheidet.

Der Kunde scheint heute weniger nach rationalen Kriterien wie Preis und Leistung zu entscheiden, sondern handelt eher emotional: Er kauft die Seife mit dem schönsten Image und schwört auf Hemden, die das Label außen statt innen tragen – damit jeder sieht, was er sich leisten kann. Der Kunde läßt sich offenbar mehr vom schönen Schein, von seinen Vorstellungen über eine Firma, über ein Produkt und sonstigen nebulösen, im emotionalen Bereich angesiedelten, Argumenten zum Kauf eines Produkts oder zur Inanspruchnahme einer Dienstleistung verleiten, als dies, nüchtern betrachtet, sein dürfte.

Natürlich kann es auch daran liegen, daß, wie bereits erwähnt, heute in der Bundesrepublik Deutschland ein nahezu identischer Produktions- und Dienstleistungsstandard der Unternehmen herrscht. Das heißt ja nichts anderes, als daß es kaum noch Unterscheidungskriterien zwischen einzelnen Betrieben gibt, die sich messen und in Zahlen ausdrücken lassen. Vielleicht müssen diese deshalb nach anderen kaufentscheidenden Kriterien Ausschau halten.

Aus diesem Grund versuchen immer mehr Firmen, sich quasi wie ein Markenartikel zu kennzeichnen. Sie wollen ihre Unverwechselbarkeit herausstellen, zeigen, daß sie einzigartig und für ihren Fachbereich kompetent sind. Firmen, die diese Strategie verfolgen, schaffen eine Unternehmenspersönlichkeit, eine starke Firmenidentität, die Corporate Identity genannt wird. Corporate Identity bedeutet nichts anderes, als daß es eine Firmenpersönlichkeit, eine Identität einer Firma, gibt, die bewußt gestaltet und nach außen präsentiert wird.

Viele lassen sich vom ersten Eindruck leiten. Und es stimmt ja! Wie oft prägt gerade der erste Eindruck unser gesamtes Verhalten einem Unternehmen gegenüber:

War die Empfangsdame verbindlich oder freundlich?

Fragte man aufmerksam nach Ihren Wünschen, oder hatten Sie es mit einem mürrischen Mitarbeiter zu tun?

War der erste Raum, den Sie betraten, hell und übersichtlich, oder erschwerte Ihnen eine düstere und unordentliche Anmutung die Orientierung?

Falls Ihre erste Berührung mit einer Firma durch schriftlichen Kontakt erfolgte:

War der Brief oder der Prospekt übersichtlich gegliedert?

Konnten Sie die markanten Stellen leicht erkennen, oder standen Sie einem Wortwust gegenüber, der Sie nur schwer das eigentliche Anliegen des Schreibers erkennen ließ?

Da der erste Eindruck so oft unser gesamtes weiteres Verhalten prägt, gilt für Sie: Verschenken Sie diesen Effekt nicht, sondern nutzen Sie diesen Effekt für sich aus!

Bei der großen Fülle von Informationen, die Ihre möglichen und tatsächlichen Kunden Tag für Tag erhalten, ist es immens wichtig, daß Sie sich gleichbleibend und wiedererkennbar zeigen. Ein Kommunikationswissenschaftler hat einmal errechnet, daß jeder Mensch pro Tag durchschnittlich 1600 Werbebotschaften erhält, die bewußt oder unbewußt wahrgenommen werden. Wer als Anbieter in diesem Informationsdickicht nicht untergehen will, muß sich also bewußt und ganz gezielt um die Aufmerksamkeit seiner Kunden bemühen. Das ist nur zu schaffen, wenn man konsequent eine Linie in der Außendarstellung verfolgt.

Auch die Kommunikation mit dem Kunden und der Auftritt Ihres Unternehmens sollten eindeutig und gleichartig sein. Bedenken Sie einmal: 20 bis 40 Kontakte mit einer Person sind notwendig, damit Sie überhaupt wahrgenommen werden. Versuchen Sie also nicht, sich der Abwechslung halber jedesmal wieder anders zu präsentieren. Der mögliche oder tatsächliche Kunde erkennt Sie bzw. Ihr Unternehmen und Ihr Produkt dann nicht wieder. Bilden Sie Vertrauen, indem Sie immer wieder gleich auftreten und für Ihre Kunden, Lieferanten und auch ihre Mitarbeiter erkennbar bleiben.

Nichts anderes ist mit Corporate Identity gemeint. Mit einer Corporate Identity versucht ein Unternehmen, sich in seiner Gesamtheit der Öffentlichkeit und auch den eigenen Mitarbeitern gegenüber verständlich zu machen. Mit seiner unverwechselbaren Persönlichkeit, seiner Identität, erzeugt es ein positives Image, das zur größeren Akzeptanz, zu mehr Glaubwürdigkeit und Vertrauen und generell zu einer positiveren Einstellung führt.

Heute scheint die Meinung der Menschen über die Dinge oft wichtiger zu sein als die Dinge selbst. Nutzen Sie diese Erkenntnis für sich. Lassen Sie sich nicht von außen ein Bild aufdrücken, sondern gestalten Sie Ihr Image selbst. Es ist gar nicht so schwer.

Machen Sie sich also vorab im stillen Kämmerchen Gedanken darüber, welches Image Sie mit Ihrer Firma nach außen transportieren wollen. Dann wird es ganz einfach, weitere Dinge festzulegen. Dazu gehören:
– das äußere Erscheinungsbild,
– das Verhalten,
– die Kommunikation.

Das Erscheinungsbild

Ihre Firma sollte ein professionelles Erscheinungsbild haben. Dafür nehmen Sie am besten die Hilfe eines Grafikers oder einer Grafikerin in Anspruch. Zum professionellen Erscheinungsbild gehört ein Logo, das geeignet ist, die Werbeaussage zu unterstützen. Dazu zählen aber auch andere grafische Elemente, eine bestimmte Schrift, man spricht hier von einer Hausschrift, und eine Hausfarbe, das ist eine Farbe, die Sie in Zukunft für Ihre Firma nutzen wollen. Diese Elemente sollten überall da auftreten, wo Sie mit Ihrer Firma in Erscheinung treten. Hierzu zählen u. a.:

- Ihre Briefbögen,
- Ihre Visitenkarten,
- die Ausgestaltung Ihrer Geschäftsräume,
- Plakate,
- Außenwerbung,
- Werbebriefe,
- Orientierungshilfen und vieles mehr.

Das Verhalten

Zum Verhalten im Sinne einer Corporate Identity zählt man die Gestaltung des Leistungsangebots, die Festlegung von Qualitäten, Ihr Kundendienstmanagement, die Preisgestaltung, das Mitarbeiterverhalten, die Gestaltung von Löhnen, Gehältern und Sozialleistungen und vieles mehr.

Die Kommunikation

Zur Kommunikation im Sinne der Corporate Identity zählt man die dem Leitbild folgenden Aktionen zum Beispiel der Verkaufsförderung, der Werbung und Öffentlichkeitsarbeit. Hierzu rechnet man aber auch Ihren Führungsstil, die Art der Gestaltung von Messen, wie Sie Tage der offenen Tür und Jubiläen durchführen, auch persönliche Gespräche.

Sie sehen, das Konzept der Corporate Identity ist ein Ganzheitskonzept, das alle Bereiche Ihres Unternehmens und seiner Darstellung nach außen wie innen betrifft. Sicher werden Sie nicht von vornherein solch ausgeklügelte Strategien wie Großunternehmen verfolgen können. Wichtig ist jedoch, daß Sie bei all Ihren

Überlegungen immer wieder überprüfen, ob die neu-en Ideen zur Persönlichkeit Ihres Unternehmens passen.

Je weniger Sie sich von Ihren Konkurrenten in bezug auf Ihr Angebot unterscheiden, desto wichtiger ist eine bewußte Gestaltung Ihres Firmenimages. Machen Sie sich einmalig, überzeugen Sie Ihre Kunden durch Ihre Firmenpersönlichkeit, und zeigen Sie sich damit auch kompetent. Verwirren Sie Ihre Kunden nicht, sondern geben Sie Ihnen die Sicherheit, daß sie bei Ihnen mit ihren Wünschen hervorragend aufgehoben sind.

Und denken Sie daran: »You never get a second chance for the first impression!« Sie bekommen keine zweite Chance für den ersten Eindruck!

Bleiben Sie bei Ihrer Linie!

Verzetteln ist ungesund! Ebenso wie in der Außendarstellung sollte auch bei Ihren Produkten eine einmal gefundene Linie möglichst beibehalten werden. Machen Sie nicht den Fehler, ständig neue Produkte oder Dienstleistungen in Ihr Angebot aufzunehmen, die unter Umständen nicht der eigentlichen Firmenidee entsprechen. Sie verunsichern mit dieser Unternehmenspolitik Ihre Kunden.

Häufig kommen in der Gründungsphase – oder in der ersten Zeit danach – viele Ideen, was man noch hätte tun können. Statt nur Dessous in der Boutique anzubieten, könnte man doch auch noch Schmuck oder eventuell Kosmetik hinzunehmen. Als nächstes kommt vielleicht der Gedanke, auch Oberbekleidung anzubieten. Aber überlegen Sie sich, ob es nicht besser ist, bei einem durchgängigen Angebot zu bleiben. Für die anderen Bereiche gibt es wiederum Spezialanbieter, die hier viel fachkundiger sind. Der Kunde bzw. die Kundin nimmt es Ihnen nicht ab, daß Sie in allen Bereichen fachlich beschlagen sein wollen. Je spezieller Ihr Angebot ist, desto kompetenter wirken Sie in Ihrem Bereich nach außen. Zu leicht werden Sie sonst mit einem Gemischtwarenladen verglichen.

Überlegen Sie selbst: Wenn Sie ein schönes Schmuckstück suchen, gehen Sie dann in eine Boutique? Oder gehen Sie nicht lieber in ein Geschäft, das sich auf den Verkauf von Schmuck spezialisiert hat? Kunden suchen inzwischen lieber Fachmärkte oder Fachgeschäfte auf, als sich durch ein großes, unübersichtliches Sortiment durchzuwuseln. Selbst große Kaufhauskonzerne haben hier Lehrgeld bezahlt und inzwischen die Unübersichtlichkeit des breiten Sortiments durch ein Shop-in-shop-Konzept korrigiert, bei dem sie nach Zielgruppengesichtspunkten ausgerichtete Abteilungen in Szene setzen.

Branchen- und Standortwahl entscheiden über Markt- und Existenzchancen

Von der Wahl der Branche, in der man gründen will, kann das spätere Wohl und Wehe eines Betriebs abhängen. Wie bereits erläutert: Viele Frauen machen den Fehler, sich in Branchen eine Existenz aufbauen zu wollen, die stark insolvenzgefährdet sind. Eine Pleite in diesen Branchen – vor allem in Mode und Kosmetik – ist viel wahrscheinlicher als in allen anderen Bereichen.

Neben der Branche kann auch der Standort der zukünftigen Firma den Erfolg weitgehend beeinflussen. Warum gibt es in ländlichen Gemeinden keine McDonald's-Restaurants? Klar, wird jeder sagen, da ist einfach nicht genug Umsatz zu machen. Bei dieser Fast-Food-Kette gehören Standortuntersuchungen zum täglichen Geschäft und sind mitentscheidend für den großen Erfolg. Was für große Unternehmen richtig ist, kann auch für Kleinbetriebe zum Schlüssel des Erfolgs werden.

Zur richtigen Standortwahl gehört auch, daß Sie sich die Konkurrenten vor Ort genau anschauen. Gibt es ähnliche Produkte? Lassen sich direkte Preisvergleiche anstellen?

Die Wahl des Standorts

Bei der Wahl des Standortes für Ihr Unternehmen gilt es für Sie zwei Dinge zu berücksichtigen:

1. Wie bedeutend ist der Standort für die Art des Unternehmens, das Sie gründen möchten?

2. Welche Bedeutung hat der Standort für Sie persönlich?

Es gibt Arten von Unternehmen, für die ist der Standort relativ unerheblich. Wenn Sie zum Beispiel ein Versandunternehmen aufbauen wollen oder ein anderes Unternehmen, das nicht von Kunden direkt frequentiert wird, so können Sie das im Prinzip an fast jedem Ort tun. Gründen Sie dagegen einen Einzelhandelsbetrieb, so sind Sie darauf angewiesen, immer gut erreichbar zu sein. Je nachdem, ob Sie ein Stammkundengeschäft aufbauen wollen oder auf Laufkundschaft angewiesen sind, kann die richtige Standortwahl gravierenden Einfluß auf Ihre Geschäftsentwicklung haben.

Ist der Standort erst einmal gewählt, so gelingt es nur sehr schwer, ihn wieder zu ändern und den Betrieb umzusetzen. Überlegen Sie also vorher, was für Sie wichtig ist. Folgende grundsätzliche Überlegungen sollten dabei eine Rolle spielen:[26]

- Wie wichtig ist die Nähe zu Ihren Kunden?
  Überlegen Sie, ob Sie Ihre Zielgruppe besser mit einem Platz im Zentrum, in einer Randlage oder im Gewerbegebiet erreichen.
- Wie sieht es mit Ihrer Konkurrenz aus?
  Überprüfen Sie, welche Betriebe in der Nähe angesiedelt sind. Paßt Ihr Leistungsangebot dazu? Gibt es gleichartige Fachgeschäfte, mit denen Sie eventuell in einen bösen Preiskampf geraten könnten? Liegt vielleicht ein Supermarkt in der Nähe, der Käufer anzieht, die sich auch für Ihr Angebot interessieren könnten?
- Wie sieht die Verkehrssituation aus?
  Gibt es in Ihrer Nähe ausreichend Parkraum, und können Lieferanten Ihr Geschäft ohne weiteres anfahren? Wo können die Mitarbeiter ihre Fahrzeuge abstellen?
- Entspricht die Energiesituation Ihren Bedürfnissen?
  Welchen besonderen Bedarf an Strom, Gas, Wasser und sonstigen Energieträgern haben Sie? Kann dieser an dem von Ihnen ausgesuchten Ort gedeckt werden?
- Sind für Ihren Betrieb besondere Umweltauflagen zu beachten?

---

[26] Vgl. zum folgenden: Sparkassen Kunden-Service: Selbständig und erfolgreich sein. Ein Leitfaden für Existenzgründer, Stuttgart 1995, S. 25 f.

Wenn Sie mit gefährlichen Stoffen umgehen oder Umweltbelastungen entstehen, zum Beispiel bei einer chemischen Reinigung, müssen Sie die jeweiligen Bestimmungen zum Umweltschutz beachten. Oft wird hier nicht nur das Einhalten von Schutzmaßnahmen gefordert, sondern manche Standorte könnten Ihnen auch ganz verwehrt bleiben. Erkundigen Sie sich also rechtzeitig, um hier unnötige Kosten zu vermeiden.

- Brauchen Sie Personal?
  Wenn Sie für Ihren Betrieb Personal benötigen, dann ist es wichtig, daß Sie am ausgewählten Standort Arbeitskräfte finden. Für einen kleinen Betrieb, der ab und an mal geringfügig Beschäftigte braucht, ist es sicher keine relevante Frage. Wenn Sie jedoch einen Gewerbebetrieb planen, der gute Wachstumschancen hat, sollten Sie sich rechtzeitig hierüber Gedanken machen.

- Wie gewerbefreundlich ist Ihr Standort?
  Erkunden Sie sich, wie hoch der Gewerbesteuer-Hebesatz der Gemeinde ist, in der Sie sich ansiedeln wollen. Bekommen Sie Unterstützung durch kommunale Förderung von Industrieansiedlungen? Werden Gewerbeflächen zur Verfügung gestellt und unter welchen Bedingungen?

Neben diesen sachlich begründeten grundsätzlichen Aspekten der Standortwahl gibt es auch eine subjektive Komponente. So kann es sein, daß Sie familiäre Verpflichtungen haben, die eine freie Wahl des Standortes erheblich einengen. Wollen Sie zum Beispiel einen Betrieb gründen, der hauptsächlich von Laufkundschaft lebt, Sie selbst leben jedoch mit Ihren minderjährigen Kindern in einem verschlafenen Winkel der ländlichen Region, so stehen Sie vor dem nahezu unlösbaren Problem, entweder die Familie zu verpflanzen oder einen Spagat machen zu müssen. Haben Sie zudem einen Ehepartner, der auf das Landleben nicht verzichten möchte, so ist das Vorhaben schon fast undurchführbar.

Anderseits läßt sich so manches Standortproblem durch gute Ideen lösen. So entdeckten zum Beispiel rheinland-pfälzische Landfrauen, die auf dem Land wenig erfolgreich Zimmer vermieten, daß die Gründung einer Kooperative mit einer zentralen Organisation für alle Beteiligten den Erfolg brachte, der für eine allein auf dem Land nicht zu erzielen war.

Für diejenigen, deren Standort sich nicht so einfach frei wählen läßt, ist die eigene Kreativität ein Joker im Spiel um die Kunden. Lassen Sie sich nicht von vornherein entmutigen, wenn das Standortproblem nach sachlichen Gesichtspunkten zunächst unlösbar scheint. Fragen Sie sich, ob die Erreichbarkeit für Ihre Geschäftsidee wirklich notwendig ist. Vielleicht können Sie ja durch eine Veränderung der Vertriebswege – etwa durch die Gründung eines Versands – statt eines Einzelhandelsgeschäfts – das Standortproblem lösen.

Quellen der Brancheninformation

Je mehr Informationen Sie über die Branche, in der Sie sich selbständig machen wollen, sammeln, desto leichter fällt Ihnen die Einschätzung der eigenen Erfolgsaussichten. Es ist gar nicht so schwierig, diese Daten zu erhalten. Trotzdem schrecken viele davor zurück, sich ausreichend mit Branchenkennzahlen zu versorgen.

Ergiebige erste Anlaufpunkte sind zum Beispiel die Statistischen Landesämter und das Statistische Bundesamt in Wiesbaden. Anfragen, die nicht zu umfangreich sind, werden oft kostenlos oder zu einem lediglich geringen Obolus bearbeitet. Die Auskünfte des Statistischen Landes- oder Bundesamtes können zum Beispiel dazu dienen, herauszufinden, wie groß tatsächlich das Potential der angesteuerten Zielgruppe ist: Wie viele modebewußte Frauen zwischen 20 und 35 Jahren gibt es tatsächlich in der kleinen Kreisstadt? Wie viele Brillenträger leben im Einzugsgebiet? Wie viele Ärzte verschreiben apothekenpflichtige Medikamente?

Weitere Informationsquellen sind regionale Planungsbehörden und die Wirtschaftsförderungsabteilungen von Städten, Kreisverwaltungen und Verbandsgemeinden. Sie wissen über die Situation im jeweiligen Wirtschaftsraum Bescheid und haben sehr oft wertvolle Informationen für Unternehmerinnen und solche, die es werden wollen. Sie sind direkt an der Belebung ihres Wirtschaftsraumes interessiert und von ihrer Aufgabe her speziell für Sie da.

Forschungsinstitutionen, wie etwa die GFK, Gesellschaft für Konsumforschung, Nürnberg, und Infas, Bonn, sind Ihnen besonders dann behilflich, wenn es um Konsumgewohnheiten geht.

Um erste Kundenkontakte herzustellen, kann man sich der Hilfe von Adreßverlagen bedienen, die je nach Branche und Sortierung zum Teil sehr genaue Auswahl der Zielgruppen erlauben. Am besten fragt man seine zuständige Kammer, ob es sich um einen seriösen Adreßverlag handelt oder ob man besser die Finger von ihm lassen sollte. Die Kammern sind meistens sehr gut über schwarze Schafe informiert.

Das Betriebskonzept: Was es nutzt und wie Sie es erstellen

Ein Betriebskonzept ist nichts anderes als die schriftliche Festlegung dessen, was Sie planen. Die schriftliche Niederlegung eines Betriebskonzepts macht Ihnen die Arbeit leichter. Zum einen müssen Sie alles noch einmal überdenken. So bemerken Sie die Schwachstellen, die Ihnen vorher vielleicht noch verborgen geblieben sind. Zum anderen brauchen Sie ein solches Betriebskonzept für Ihr Gespräch mit den Kreditgebern und für die Beantragung von Förderungen.

Folgende Teile sollte Ihr Betriebskonzept enthalten:
- die Geschäftsidee,
- die von Ihnen verfolgten Ziele und die Beschreibung Ihrer Zielgruppen,
- die Einschätzung Ihrer Marktchancen,
- die Analyse Ihrer Konkurrenzsituation,
- die Angabe des gewählten Standorts und Aussagen über die Gründe der Wahl,
- den errechneten Finanzbedarf,
- Aussagen über die Art der Deckung des Finanzbedarfs mit Eigen- und Fremdmitteln,
- die Einschätzung der Zukunftschancen Ihres Betriebs,
- Aussagen über geplante Marketingmaßnahmen,
- Ausführungen über die Wahl der Vertriebswege,
- Aussagen zur Personalplanung,
- Angaben zur geplanten Rechtsform.

Die systematische Erstellung eines Betriebskonzepts führt Sie zu all jenen Punkten, die vor Ihrer Gründung sorgfältig geplant werden müssen. Zäumen Sie das Pferd nicht von hinten auf! Wenn Sie vorab planen, umgehen Sie viele Probleme, die durch eine spontane Gewerbeanmeldung entstehen können. So müssen zum Beispiel fast alle Förderungen vor der Existenzgründung beantragt werden. Hier stellen Sie sich selbst ein Bein, wenn Sie den Ablauf auf den Kopf stellen.

Bei der Erstellung des Betriebskonzepts können Sie sich helfen lassen. Bevor Sie aber eine Beratungsstelle aufsuchen, machen Sie sich selber schlau. Dieses Buch soll Ihnen dabei helfen. Es beschreibt die wichtigsten Schritte auf dem Weg zur selbständigen Existenz. Da aber jede Gründung für sich steht, gibt es unterschiedliche Schwerpunkte, die in ihrer Breite hier nicht alle Raum finden können. Nutzen Sie also auch bei Einzelproblemen die zahlreichen anderen Informationsquellen, die Ihnen zur Verfügung stehen. Einige davon sind kostenlos.

Bei den Wirtschaftsministerien der Länder und des Bundes erhalten Sie Material für Existenzgründer. Auch die Kammern verfügen über ein reichhaltiges Sortiment an Broschüren und Info-Blättern zu den unterschiedlichsten Themenkomplexen, das sie Ihnen gerne an die Hand geben. Spezielle Brancheninformationen, wie sie zum Beispiel kostengünstig bei den meisten Banken angefordert werden können, vermitteln Ihnen Hintergrundwissen, das Sie zur Einschätzung der Marktchancen dringend benötigen.

Broschüren über Förderungsmöglichkeiten geben Ihnen einen Einblick in spezielle Programme, die vielleicht gerade auf Ihre Geschäftsidee passen.

Die gesammelten Informationen helfen Ihnen bei einer Betriebsberatung, die für Sie wichtigen Fragen zu stellen. Ein Berater kann Ihnen ja kein Konzept überstülpen. Das muß gemeinsam erarbeitet werden. Die Beratung ist dazu da, Ihren Ideen einen passenden Anzug zu schneidern. Sie haben den Stoff, nun werden gemeinsam die Teile zusammengesetzt. Damit dieser Anzug zu Ihnen paßt, weder zu kleinkariert noch zu großgemustert ausfällt, müssen Sie schon vorab das ideale Tuch besorgen.

So erstellen Sie einen Rentabilitätsplan

Die Rentabilität eines Betriebes sagt etwas darüber aus, ob sich der Betrieb lohnt (= rentiert). Man arbeitet mit dem Begriff der Rentabilität, weil der Begriff »Gewinn« noch nichts darüber aussagt, ob wirklich genug für Sie übrig bleibt.

Sie gehen mit der Gründung eines Betriebes ein erhebliches Risiko ein. Das soll sich für Sie auszahlen. Stellen Sie sich nur einmal vor, Sie würden das in Ihre Firma eingebrachte Kapital zur Bank tragen. Wenn Sie dort mehr Zinsen ernten können, als der Gewinn in Ihrer Firma ausmacht, haben Sie kein gutes Geschäft mit Ihrer Unternehmensgründung gemacht. Dann wäre die Geldanlage rentabler als die Führung Ihres Betriebes.

Es gibt verschiedene Möglichkeiten, die Rentabilität einer Firma zu ermitteln. In der Betriebswirtschaft werden dazu verschiedene Kennzahlen ermittelt, die zueinander in Vergleich gesetzt werden. So werden zum Beispiel die Eigenkapitalrentabilität, die Gesamtkapitalrentabilität, die Umsatzrentabilität, der »return on Investment« und andere berechnet. Im Prinzip geht es immer nur darum, herauszufinden, ob sich das eingesetzte Kapital ausreichend verzinst. So ist die einfache Rentabilität auch definiert als Gewinn (bzw. Verlust) im Verhältnis zu dem in der Periode (durchschnittlich ein Jahr) eingesetzten Kapital.

Die Banken sind natürlich an einer Rentabilitätsvorschau deshalb besonders interessiert, weil sie sehen wollen, ob Sie in der Lage sind, auf Dauer die Kreditzinsen zu zahlen. Sie selbst sollten an einer Rentabilitätsvorschau interessiert sein, weil Sie Ihr Eigenkapital eingelegt haben, das Sie ebenso zu einer Bank hätten bringen können. Und natürlich auch, weil Sie das Fremdkapital zurückzahlen müssen!

Ein Rentabilitätsplan sollte in der Regel mindestens drei (besser mehr!) Geschäftsjahre umfassen. Denn: Nehmen Sie Förderprogramme in Anspruch, so steigt Ihr Finanzbedarf gerade im dritten Jahr, also nach Beendigung der ersten zwei tilgungsfreien Jahre, eventuell entscheidend an. Eine Rentabilitätsvorschau zeigt Ihnen hier, ob sich auch nach dieser tilgungsfreien Zeit Ihr Sprung ins kalte Wasser gelohnt hat.

Eine Rentabilitätsvorschau bzw. einen Rentabilitätsplan benötigen Sie auch für die Beantragung von Förderprogrammen. Natürlich können Sie sich bei der Erstellung der Vorschau von Ihrem Steuerberater helfen lassen. Trotzdem ist es für Sie selbst gut, wenn Sie wissen, wie man so etwas macht.

Ermitteln Sie den geplanten Umsatz auf der Grundlage von Branchenkennzahlen. Beispiel: Wollen Sie etwa einen Hotelbetrieb eröffnen, so rechnen Sie die

Zahl der zur Verfügung stehenden Betten zusammen, multiplizieren Sie sie mit dem vorgesehenen Übernachtungspreis, und multiplizieren Sie dieses Rechenergebnis dann wiederum mit der Zahl der wahrscheinlichen Belegungstage. Zählen Sie zu dem Resultat solchen Umsatz hinzu, den Sie durch Zusatzangebote glauben machen zu können. Bei einem Hotelbetrieb sind das zum Beispiel Erlöse aus dem Zimmerbarverkauf und dem Frühstück, sofern Sie es getrennt berechnen.

Von dem auf diese Weise ermittelten Betrag ziehen Sie den Wareneinsatz ab. Als Wareneinsatz bezeichnet man die Kosten, die dadurch entstehen, daß Sie Leistungen anbieten, wie etwa Brötchen und Marmelade zum Frühstück.

Jetzt haben Sie den Rohgewinn I ermittelt. Von diesem Rohgewinn I ziehen Sie Personalkosten ab, die Ihnen in dieser Zeit entstehen. Dann erhalten Sie den Rohgewinn II.

Vom Rohgewinn II werden die übrigen Kosten und Zinsen abgezogen, die Sie brauchen, um den Betrieb aufrechtzuerhalten; dann erhalten Sie den Cash-flow. Zu den Kosten zählen Miete, Energiekosten, Instandhaltungskosten, Bürobedarf, Beratungskosten, Steuern und Versicherungen und ähnliches.

Ziehen Sie vom Cash-flow die Abschreibungen ab, so haben Sie Ihren voraussichtlichen Reingewinn. Der Reingewinn ist aber nicht das, was Sie nun in Ihre eigene Tasche stecken können und zur freien Verfügung haben. Von diesem Reingewinn müssen Sie Ihre »kalkulatorischen Kosten« bestreiten. Kalkulatorisch heißen die Kosten deshalb, weil sie nicht in die Gewinn- und Verlustrechnung Ihres Betriebes eingehen, aber trotzdem von Ihnen zu bestreiten sind. Sie müssen sie also kalkulieren.

Zu den kalkulatorischen Kosten zählt Ihr kalkulatorischer Unternehmerlohn. Dieser kalkulatorische Unternehmerlohn setzt sich aus Ihren Krankenversicherungs-, Rentenversicherungs-, Lebensversicherungskosten, Ihrer privaten Miete, der Einkommensteuer und den Kosten für Ihren Lebensunterhalt zusammen. Zu den kalkulatorischen Kosten zählen auch die kalkulatorischen Zinsen, das sind solche Zinsen, die Sie nicht tatsächlich zahlen müssen, die Sie aber ansetzen für Ihr Eigenkapital, da Sie es ja sonst für gute Zinsen bei der Bank anlegen könnten.

Nutzen Sie eigene Räume für Ihren Betrieb, so setzen Sie kalkulatorische Miete an. Ein weiterer kalkulatorischer Kostenfaktor ist die kalkulatorische Abschreibung. Bei der kalkulatorischen Abschreibung setzen Sie den Betrag an, der für die Anschaffung neuer Geräte zu zahlen wäre. Zwar sind Abschreibungen bereits in Ihrer Gewinn- und Verlustrechnung berücksichtigt, hier geht man jedoch von den gezahlten Kosten, nicht von den Wiederbeschaffungskosten aus.

Die so ermittelten kalkulatorischen Kosten dürfen den vorher ermittelten Reingewinn nicht überschreiten. Andersherum jedoch kann der Reingewinn durchaus über den kalkulatorischen Kosten liegen. Je höher der Reingewinn im Vergleich zu den kalkulatorischen Kosten ist, desto mehr tatsächlichen Gewinn ernten Sie für Ihr Unternehmerrisiko.

Sehr oft liegt das Ergebnis der Rentabilitätsrechnung hinter den Erwartungen zurück. Und genau in diesem Moment entscheidet sich Ihre persönliche Zukunft. Wenn Sie nun in euphorischer Gründungsbe-

reitschaft Ihre kalkulatorischen Kosten so weit runter-
setzen, daß rechnerisch ein passables Ergebnis erreicht wird, spielen Sie mit dem Feuer.

Sie können die Ausgaben für Ihre Lebenshal-
tungskosten nicht beliebig herunterschrauben. Sie
dürfen auf Ihre Renten- und Krankenversicherung
nicht verzichten! Sie können die kalkulatorischen Kosten für Büro- und Arbeitsräume im eigenen Haus
nicht vernachlässigen, da Sie Heizungs-, Strom- und
Reparaturkosten irgendwie und irgendwann bezahlen müssen. Wenn es nicht reicht, dann überprüfen
Sie lieber Ihre effektiven Kosten noch einmal auf
Sparmöglichkeiten. Wenn es dann noch nicht reicht,
überprüfen Sie Ihre Gesamtplanung und Ihr Gründungsvorhaben.

Die richtige Rechtsform

Mit der Wahl der Rechtsform treffen Sie eine Entscheidung, die unter Umständen weitreichende finanzielle,
steuerliche und rechtliche Folgen hat. Eine schnelle
Entscheidung über die Rechtsform, womöglich aus
einer Laune heraus, oder weil man jemanden kennt,
der dieselbe Rechtsform gewählt hat, ist gefährlich. Sie
sollten sich schon vorher über die Vor- und Nachteile
der unterschiedlichen Rechtsformen im klaren sein.

Folgende Möglichkeiten stehen Ihnen offen:

- Einzelunternehmerin
- GbR
- OHG
- KG
- GmbH

- Ein-Mann-GmbH (die leider auch für eine Frau so heißt)
- GmbH und Co. KG
- Stille Gesellschaft

Einzelunternehmerin:

Einzelunternehmerin sind Sie, wenn Sie allein ein Geschäft eröffnen, ohne sonstige Regelungen getroffen zu haben. Sie sind in diesem Fall gleichzeitig Betriebsinhaberin und haben für sich und Ihr Geschäft den vollen Entscheidungsspielraum. Da Sie kein Mindestkapital benötigen, ist dies die einfachste und billigste Form, ein Unternehmen zu gründen.

Ein Eintrag ins Handelsregister ist zunächst nicht nötig. Sie gelten als sogenannte Kleingewerbetreibende, die mit der Zeit jedoch zur »Vollkauffrau« heranwachsen kann. Dies ist abhängig von Ihrem Umsatz, Ihrem Gewerbeertrag, dem Betriebsvermögen und der Mitarbeiterzahl.

Erst als »Vollkauffrau« müssen Sie sich ins Handelsregister eintragen lassen. Da Sie als Einzelunternehmerin mit Ihrem vollen Privatvermögen haften, gelten Sie bei den Banken als besonders kreditwürdig.

GbR:

Die GbR – Gesellschaft bürgerlichen Rechts – bietet sich an, wenn Sie mit einer Partnerin oder einem Partner zusammen Ihr Unternehmen eröffnen möchten.

Ihre Geschäftspartnerschaft ist nicht an einen bestimmten Geschäftszweck gekoppelt. Sie können als Kleingewerbetreibende ebenso eine geschäftliche Partnerschaft eingehen wie als Freiberuflerin oder etwa in Form einer Arbeitsgemeinschaft. Sie müssen dafür keinerlei besondere Formalitäten erfüllen, es reicht sogar eine mündliche Vereinbarung, wenn auch eine schriftliche Fixierung der geschäftlichen Partnerschaft unbedingt anzuraten ist.

Wie bei der Rechtsform des Einzelunternehmers bzw. der Einzelunternehmerin ist auch hier kein Mindestkapital vorgeschrieben. Sie haften mit Ihrem Privatvermögen.

Diese beiden Rechtsformen sind bei den Banken besonders beliebt, da sie ihnen einen vollen Zugriff auf Ihre Rücklagen erlauben.

OHG:

Für Partnerschaften bietet sich auch die Rechtsform der OHG, der offenen Handelsgesellschaft an. Die OHG ist jedoch – im Gegensatz zur GbR – Vollkaufleuten vorbehalten. Wenn Sie mit einem Partner oder einer Partnerin ein Handelsgeschäft eröffnen wollen, so wird bei der Rechtsform der OHG nun ein Eintrag ins Handelsregister notwendig.

Es gibt für die OHG keine Mindeskapitalvorschriften. Für Ihre Verbindlichkeiten haften Sie und die/der Partner/in jedoch sowohl mit dem Gesellschaftsvermögen als auch mit Ihrem Privatvermögen.

Da Sie hier ein hohes Risiko eingehen und den Kreditinstituten den vollen Zugriff auf Ihr Privatvermögen ermöglichen, steht auch diese Rechtsform in hohem Ansehen.

KG:

Die Kommanditgesellschaft (KG) ist eine Gesellschaft, die bei teils beschränkter, teils unbeschränkter Haftung zu dem Zweck gegründet wird, ein Handelsgewerbe gemeinschaftlich zu betreiben. Sie ist genauso rechtsfähig wie die OHG. Auch hier ist kein Mindestkapital gesetzlich vorgeschrieben. Die Kommanditgesellschaft wird ins Handelsregister eingetragen, es werden alle Kommanditisten mit der Höhe ihrer Einlage im Register bezeichnet. Die vollhaftenden Geschäftsführer/innen bei der KG nennt man Komplementäre. Für sie gelten die gleichen Bestimmungen wie bei der OHG. Komplementäre sind einzelvertretungsbefugt, das heißt, sie allein können – wie die Gesellschafter der OHG – die Firma nach außen vertreten.

Teilhaber einer KG werden Kommanditisten genannt. Sie sind von der Geschäftsführung und Vertretung ausgeschlossen, können aber zu Prokuristen oder Handlungsbevollmächtigten bestellt werden.

Anders als die Komplementäre, die unbeschränkt, unmittelbar und gesamtschuldnerisch mit ihrem Gesellschafts- und Privatvermögen haften, gilt für die Kommanditisten eine Haftung nur bis zur Höhe ihrer Einlage.

Der Vorteil der KG liegt in der Beschränkung der Haftung für diejenigen, die Ihnen finanziell Rückendeckung geben möchten, nicht aber zusätzlich am Unternehmensrisiko – über die Höhe ihrer Einlage hinaus – beteiligt werden möchten. Sie bleiben die Chefin, haben über die Beteiligungen aber finanzielle Rückendeckung.

GmbH:

Einzelunternehmen, Gesellschaft bürgerlichen Rechts, OHG und KG gelten als Personengesellschaften. Die GmbH dagegen ist eine Kapitalgesellschaft.

Ihr entscheidender Vorteil liegt in der Begrenzung der Haftung: Das Privatvermögen wird nicht in die Haftung einbezogen. Das Risiko ist auf die Höhe des Stammkapitals beschränkt. So die Theorie!

In der Praxis sieht es jedoch häufig so aus, daß die Kreditgeber einen Rückgriff auf private Sicherheiten einfordern. Das heißt für Sie, daß das Haftungsrisiko nicht auf Ihr Stammkapital beschränkt bleibt, sondern auch Ihr Privatvermögen umfaßt, das Sie den Kreditgebern als Sicherheit anbieten müssen.

Für die Gründung einer GmbH muß eine Mindestkapitaleinlage von 50 000 DM geleistet werden. Hierzu zählen auch Sachwerte wie zum Beispiel der Firmenwagen, die Büroeinrichtungen, etwaige Maschinen und ähnliches.

Bei der Anmeldung muß ein Mindeststammkapital von 25 000 DM in Form von Geld oder Sacheinlagen nachgewiesen werden. Es ist außerdem eine Eintragung ins Handelsregister erforderlich, mit ihr gilt die Firma als juristische Person.

Der Gesellschaftervertrag – das ist der Vertrag, den die Anteilsgeber einer GmbH miteinander schließen – legt die Spielräume für die Geschäftsführerin/den Geschäftsführer einer GmbH fest. GmbH-Geschäftsführer/innen sind weisungsgebunden. Es können sowohl Gesellschafter/innen als auch Nicht-Gesellschafter/innen zur Geschäftsführung bestellt werden.

Wenn Sie in einer GmbH Chefin bleiben möchten,

so sorgen Sie dafür, daß mindestens 50 % der Einlagen von Ihnen stammen.

Ein-Mann-GmbH:

Die Ein-Mann-GmbH entsteht durch die Umwandlung eines Einzelunternehmens in eine GmbH mit einer Einzelunternehmerin als einziger Gesellschafterin.

Mit einer notariell beurkundeten Erklärung zur Umwandlung beschränken Sie Ihr Haftungsrisiko auf die Haftungsgrenzen einer GmbH. Sie haften also dann nicht mehr mit Ihrem Privatvermögen, können aber weiterhin frei agieren, da keine weiteren Gesellschafter/innen an Ihrer GmbH beteiligt sind.

Sollte die GmbH durch Fehlplanung oder Mißgeschick überschuldet sein, müssen Sie umgehend Konkursantrag für Ihre GmbH stellen, da Sie sonst mit Ihrem Privatvermögen haften.

GmbH und Co. KG:

Die GmbH und Co. KG ist eine Personengesellschaft.

Sie ist vergleichbar mit der KG, nur daß – statt einer Person – die GmbH zum vollhaftenden persönlichen Gesellschafter, also zum Komplementär, wird.

Da bei der GmbH die Haftung auf das Stammkapital beschränkt ist, ist die eigentlich vorgesehene persönliche Haftung des Komplementärs dann ebenfalls auf die Stammeinlage beschränkt.

Mit dieser Rechtsform umgeht eine Unternehmensgründerin das Problem der Haftung in der KG. Die Haftung ist also auf die Höhe der Einlage beschränkt, obwohl es sich um eine Personengesellschaft in Form einer KG handelt.

Wie bei der KG ist auch hier eine Eintragung ins Handelsregister notwendig. Befürworter dieser Rechtsform betonen vor allem die umfangreichen steuerlichen Vorteile und den großen Gestaltungsspielraum. Nachteilig an dieser Gesellschaftsform sind die relativ komplizierte Gründung und die teilweise negative Beurteilung dieser Rechtsform zum Beispiel durch Kreditgeber oder Lieferanten.

Je nach Ausgestaltung können durch die Existenz zweier Gesellschaften auch höhere laufende Kosten entstehen.

Stille Gesellschaft:

Die stille Gesellschaft bietet eine Beteiligung am Handelsgeschäft eines anderen, bei der der Kapitalgeber aber nicht nach außen in Erscheinung tritt.

Die stille Gesellschaft ist eine sogenannte reine Innengesellschaft, das heißt, sie wirkt nicht nach außen, und so ist auch keine Registereintragung notwendig. Der stille Gesellschafter hat keinerlei Einwirkungsrechte und nur eingeschränkte Kontrollmöglichkeiten. Die Haftung verbleibt allein bei der Unternehmerin. Es gibt verschiedene Ausgestaltungsmöglichkeiten der stillen Teilhaberschaft. Bei Existenzgründungen ist diese Gesellschaftsform eine Möglichkeit, der Gründerin durch eine finanzielle Rückendeckung zu helfen.

Die Erläuterung der Rechtsformen hat schon gezeigt, daß es »die« einzig richtige Rechtsform für ein Unternehmen im Prinzip nicht gibt. Jede Rechtsform hat ihre Vor- und Nachteile.

An die für einen selbst geeignete Rechtsform sollte man sich Schritt für Schritt herantasten. Zu diesem Herantasten gehört zum Beispiel die Beantwortung der Frage, welche Ziele mit dem Unternehmen verfolgt werden sollen.

Jede Entscheidung hat sowohl persönliche als auch finanzielle, steuerliche und rechtliche Folgen. Ist es notwendig, die Haftung zu beschränken? Wollen Sie alleine das Sagen haben? Scheuen Sie vielleicht einen hohen Aufwand an Formalitäten? Können Sie genug Eigenkapital aufbringen?

Denken Sie bitte daran: Nicht jede Entscheidung kann so ohne weiteres rückgängig gemacht werden, wenn Nachteile sichtbar werden. Ohne eine fundierte Beratung bleibt die Wahl der Rechtsform ein Glücksspiel. Besser ist es, sich von kompetenten Rechts- und Wirtschaftsexperten beraten zu lassen und mit ihnen zusammen die Rechtsform genau auf den geplanten Geschäftszweck passend auszusuchen. Lassen Sie sich von anderen Unternehmerinnen einen guten Steuerberater nennen, oder fragen Sie zum Beispiel die für Sie zuständige Kammer nach möglichen Ansprechpartnern.

Risiken, die der Ehepartner trägt

Wenn Sie verheiratet sind, so kann Ihr geplantes Unternehmen weitreichende rechtliche Konsequenzen für Ihren Ehepartner haben. In der Regel leben Sie – sofern Sie keine anderen Regelungen getroffen haben

– in einer Zugewinngemeinschaft. Hier bleibt zwar Ihr Vermögen von dem Ihres Mannes getrennt, der in der Zeit der Ehe erzielte Zugewinn wird jedoch bei Auflösung der Ehe durch Scheidung oder Tod gleichmäßig verteilt.

Als Zugewinn wird die Differenz zwischen dem am Ende einer ehelichen Partnerschaft vorhandenen Vermögen zu dem Vermögen zu Anfang der ehelichen Bindung bezeichnet:

Ihr Vermögen zum Ende der Ehe: .... DM
Ihr Vermögen zu Beginn der Ehe: ./. .... DM

Zugewinn: .... DM

Diese Zugewinne werden verglichen. Hat einer der beiden Partner einen höheren Gewinn erwirtschaftet als der andere, so muß er dem anderen von dem überschießenden Zugewinn die Hälfte abgeben. Hierbei wird von Verkehrswerten, nicht von Buchwerten ausgegangen. Das heißt, es werden Beträge angesetzt, die bei Verkauf der Werte tatsächlich zu erzielen wären.

Nur wenige Unternehmer und Unternehmerinnen machen sich, wenn sie ihr Unternehmen gründen, Gedanken darüber, daß ein wachsendes Unternehmen auch einen gehörigen Zugewinn verursacht. Lebt man sich dann auseinander und denkt an Scheidung, so stellt man plötzlich fest, daß ein eigentlich privater Schritt die Existenz gefährden könnte.

Ein rechtzeitig geschlossener Vertrag zwischen Eheleuten kann dazu dienen, eine solche persönliche Entscheidung unabhängig von betrieblich bedingten Überlegungen zu treffen.

Betriebliche Schulden werden nicht automatisch vom Ehepartner mitgetragen. Kein Ehepartner haftet für die Schulden des anderen. Oft lassen sich Kreditgeber jedoch von den Ehepartnern eine Bürgschaft geben, oder sie dringen darauf, daß der Ehepartner den Darlehensvertrag ebenfalls unterschreibt. Die Banken stellen so eine Mithaftung sicher und minimieren ihr Risiko als Kreditgeber. In diesem Punkt lassen die Banken häufig nicht mit sich diskutieren. Natürlich können Sie aber trotzdem versuchen, bei Kreditzusagen die Mitunterschrift Ihres Ehepartners zu vermeiden.

Die Steuern und das Finanzamt

Wer sich selbständig macht, muß sich um viele Sachen selber kümmern, die vorher scheinbar automatisch liefen. Jede Arbeitnehmerin weiß, daß sowohl die Lohnsteuer als auch die Sozialversicherungsbeiträge vom Bruttoeinkommen abgezogen werden. Der Arbeitgeber ist dazu verpflichtet, für seine Arbeitnehmer die Lohnsteuer an das Finanzamt zu zahlen und die Sozialversicherungsbeiträge über den Weg der zuständigen Krankenkasse an die Renten-, Kranken-, Arbeitslosen- und Pflegeversicherungsträger zu zahlen. Zusätzlich übernimmt der Arbeitgeber die Beiträge zur Unfallversicherung.

Als Selbständige müssen Sie sich um Steuern und Versicherungsbeiträge nun selber kümmern. Für Sie als Unternehmerin sind vordringlich folgende Steuerarten von Bedeutung:

- Einkommensteuer
- Körperschaftsteuer

- Gewerbesteuer
- Umsatzsteuer
- Grunderwerbsteuer
- Grundsteuer

Haben Sie Mitarbeiter/innen, so ist auch die Lohnsteuer von entscheidender Bedeutung für Sie. Ausführungen über die Lohnsteuer und die Anmeldeverfahren finden Sie im Kapitel »Wenn Sie Personal benötigen« ab Seite 121.

Die Einkommensteuer

Wie als Arbeitnehmerin auch, so sind Sie als Selbständige einkommensteuerpflichtig. Sie müssen dem Finanzamt Ihre Einkünfte »erklären«. Das machen Sie mit Hilfe einer Einkommensteuererklärung, in der Sie dem Finanzamt Auskunft über Ihre Einkünfte geben.

Sie können Einkünfte aus 7 verschiedenen Arten beziehen. Dazu gehören Einkünfte aus:

- selbständiger Arbeit
- Land- und Forstwirtschaft
- Gewerbebetrieb
- nichtselbständiger Arbeit
- Kapitalvermögen
- Vermietung und Verpachtung
- sonstige Einkünfte

Diese Einkünfte werden miteinander verrechnet.

Gehen Sie etwa noch einer Arbeit als Arbeitnehmerin nach, einer sogenannten nichtselbständigen Arbeit, und haben andererseits Verluste in Ihrer noch jungen Firma, so können Sie diese Einkünfte gegeneinander aufrechnen. Dabei vermindert der Verlust aus Ihrem Unternehmen die Bemessungsgrundlage, die für die Errechnung Ihrer Einkommensteuerschuld maßgeblich ist.

Sie haben die Möglichkeit, verschiedene Ausgaben von Ihren Einkünften abzuziehen, um damit Ihre Steuerschuld zu vermindern.

Zu diesem abziehbaren Ausgaben gehören zum Beispiel die Vorsorgeaufwendungen. Vorsorgeaufwendungen können aber nur bis zu einem Höchstbetrag abgezogen werden, der in der Regel sehr schnell erreicht ist. Zu den typischen Vorsorgeaufwendungen zählen Ihre Krankenversicherung, Ihre Unfallversicherung, die Haftpflichtversicherung und die private Lebensversicherung. Wenn Sie selbständig sind, müssen Sie sich selbst gegen die Risiken absichern, die bei Arbeitnehmern von der Sozialversicherung getragen werden.

Neben den Vorsorgeaufwendungen können Sie auch Sonderausgaben von der Einkommensteuer-Bemessungsgrundlage abziehen. Zu den Sonderausgaben zählen zum Beispiel die Steuerberatungskosten, Verluste aus früheren Jahren, gezahlte Kirchensteuer und anderes.

Lassen Sie sich von Ihrem Steuerberater im Einzelfall erklären, welche Beträge zur Verminderung der Einkommensteuerschuld wirksam eingesetzt werden können. Nicht alles, was man selber für abzugsfähig hält, ist es auch tatsächlich.

Die Einkommensteuer zahlen Sie in vierteljährlichen Vorauszahlungen auf die zu erwartende Steuerschuld. Diese Vorauszahlungen können auf Antrag an die jeweilige Situation des Antragstellers angepaßt werden.

Mit anderen Worten: Da in Ihrer Gründungsphase die Einkünfte sicher noch nicht besonders hoch sein werden, können Sie – oder gegebenenfalls Ihr Steuerberater – hier eine Verminderung der Vorauszahlungen oder sogar eine Vorauszahlung von 0,00 DM betragen.

Es kann aber auch anders kommen: Erwirtschaftet Ihre junge Firma einen Gewinn, so kann dies erhebliche Steuernachzahlungen auslösen. Wenn Sie zudem verheiratet sind und Ihr Ehepartner mit der günstigen Lohnsteuerklasse III beträchtliche eigene Einkünfte hat, so kann Ihr Gewinn durchaus mit bis zu 50 % Einkommensteuer belegt werden. Bilden Sie also frühzeitig Rücklagen, wenn ein Gewinn absehbar wird, um die Steuerschuld zu begleichen.

Nach Ablauf des Jahres wird die in der Einkommensteuererklärung errechnete Steuerschuld mit den Vorauszahlungen verrechnet. Differenzen werden vom Finanzamt nachgefordert bzw. erstattet.

Eine realistische Einschätzung Ihres Geschäftsverlaufs und der fälligen Einkommensteuervorauszahlungen führt dazu, daß Sie weder in Ihrer Liquidität behindert werden noch um eine zu große Nachzahlung fürchten müssen.

Die Körperschaftsteuer

Die Körperschaftsteuer ist nichts anderes als die Einkommensteuer einer Körperschaft. Eine Körperschaft ist zum Beispiel die GmbH.

Bemessungsgrundlage für die Ermittlung der Körperschaftsteuer ist das zu versteuernde Einkommen, das nach bestimmten Grundsätzen (§ 7 KStG) ermittelt werden muß. Ausgangspunkt der Berechnung ist der Bilanzgewinn/verlust. Die Gewinnermittlung wird korrigiert und zum zu versteuernden Einkommen weiterentwickelt. Wenn Sie Gesellschafter einer GmbH sind, dann wird die bezahlte Körperschaftsteuer bei Gewinnausschüttungen auf Ihre Einkommensteuerschuld angerechnet, so daß eine Doppelbesteuerung verhindert wird.

Die Gewerbesteuer

Die Gewerbesteuer ist eine kommunale Abgabe, zu der jeder Gewerbebetrieb innerhalb Deutschlands verpflichtet ist. Sie errechnet sich aus Gewerbeertrag und Gewerbekapital.

Nach einem vom Finanzamt ermittelten einheitlichen Meßbetrag wird ein Gewerbesteuerbescheid festgesetzt. Jede Gemeinde setzt für sich ihren Hebesatz fest, mit dem der Meßbetrag belegt wird. Für die Gemeinden ist die Gewerbesteuer ein Instrument, Industrieansiedlungen gezielt zu steuern. Da die Gewerbesteuer eine kommunale Abgabe ist, müssen Sie sie auch an die Gemeinde entrichten.

Als Neugründerin werden Sie in der Regel in den ersten Jahren nicht mit Gewerbesteuer belegt. Das liegt nicht an einer besonderen Großzügigkeit der Kommunen, sondern an den Freibeträgen beim Gewerbeertrag (48 000 DM) und Gewerbekapital (120 000 DM).

Danach kann die Belastung durch die Gewerbesteuer jedoch erheblich werden. Je nachdem, in welcher Gemeinde Sie angesiedelt sind und wie der Hebesatz ausgestattet ist, können Sie durchaus mit einer gewerbesteuerlichen Belastung der Gewinne in Höhe von 10–15 % rechnen.

Die Umsatzsteuer

Wenn Sie bisher noch keine Erfahrung als Selbständige gemacht haben, so ist Ihnen die Umsatzsteuer vielleicht nur von der Konsumentenseite – nämlich als Mehrwertsteuer – bekannt. Für Sie als Unternehmerin wird die Umsatzsteuer nun fast zum »ständigen Begleiter«: Beinahe jede Rechnung, die Sie bekommen, weist Umsatzsteuer auf. Und auch fast jede Rechnung, die Sie nun schreiben, muß Umsatzsteuer enthalten, soweit Sie nicht als Kleinunternehmerin gelten, die hiervon ausgenommen bleibt.

Die Umsatzsteuer, die Sie Ihren Kunden in Rechnung stellen, dürfen Sie nicht für sich behalten. Sie müssen Sie dem Finanzamt gegenüber erklären und – leider! – überweisen. Disponieren Sie also nicht mit diesem Geld, das Ihnen nicht gehört.

Die von Ihnen gezahlte Umsatzsteuer, die zum Beispiel bei den Rechnungen Ihrer Lieferanten ausgewiesen wird, können Sie als sogenannte Vorsteuer von Ihrer Umsatzsteuerschuld abziehen. Insofern stellt sich die Umsatzsteuer für Sie als durchlaufender Posten dar.

Aus dem Saldo zu zahlender Umsatzsteuer und abzugsfähiger Vorsteuer errechnen Sie pro Monat Ihre Zahlungsverpflichtung an das Finanzamt. In der Gründungsphase ergibt sich häufig eine freie Finanzierungsspitze, da die Anfangsinvestitionen – und damit auch die abziehbare Vorsteuer – in der Regel höher sind als der erzielte umsatzsteuerpflichtige Umsatz aus Ihrer neuen Tätigkeit. In diesen Fällen erhalten Sie eine Erstattung.

Solange Sie nur Geschäfte mit Unternehmen machen, hat die Umsatzsteuer so gut wie keine Bedeutung für Sie. Sie stellen sie in Rechnung, führen sie ab, können sie abziehen und werden im Prinzip nicht durch sie belastet.

Anders verhält sich die Angelegenheit, wenn Sie an Endverbraucher Waren oder Dienstleistungen verkaufen. Dann nämlich wirkt sich die Umsatzsteuer auf den Preis aus. Da jedoch jedes Unternehmen in der Bundesrepublik zur Abführung der Umsatzsteuer verpflichtet ist, ist Ihre Konkurrenz hier auch nicht besser gestellt.

Für die Umsatzsteuer in der Europäischen Union gelten besondere Bedingungen. Wenn Sie Lieferungen aus Binnenmarkt-Ländern beziehen oder an Abnehmer in der EU verkaufen, brauchen Sie eine Umsatzsteuer-Identifikationsnummer (ID). Diese können Sie beim Bundesamt für Finanzen beantragen:

Bundesamt für Finanzen
Außenstelle
Industriestraße 6
66738 Saarlouis
Telefon: 0683/456-123/138/144/149/ oder -0 (Zentrale)
Telefax: 06831/456-120/146

Auch Ihr Steuerberater gibt Ihnen hierüber Auskunft und kann die Identifikationsnummer für Sie beantragen.

Die Umsatzsteuer beträgt in der Regel 15 % des Entgelts.[27] Für Sie bedeutet das: Sie stellen eine Rechnung für Ihre Waren und berechnen zusätzlich 15 % Umsatzsteuer.

---

[27] Stand: 1995

Neben den üblichen 15 % gibt es einen ermäßigten Steuersatz von 7 %, der für genau bestimmte Fälle gilt. So zum Beispiel für Bücher und Zeitschriften und für bestimmte Lebensmittel, die jedoch nicht in einer Gaststätte verspeist werden dürfen.

Einige Gruppen von Unternehmen, die nicht buchführungspflichtig sind und deren Umsatz im vorausgegangenen Kalenderjahr 120 000 DM[28] bzw. 60 000 DM nicht übersteigt, können nach Durchschnittssätzen besteuert werden. Besondere Bedingungen gelten auch für land- und forstwirtschaftliche Umsätze.

Die Umsatzsteuererklärung wird jährlich an das Finanzamt abgegeben. Je nach Höhe der zu leistenden Steuerzahlungen, werden jedoch Vorauszahlungen fällig. Bei jährlichen Steuerzahlungen unter 600 DM brauchen Sie keine Vorauszahlungen zu leisten. Wenn die Steuer des Vorjahres mehr als 600 DM, aber weniger als 6000 DM betragen hat, sind Sie zu vierteljährlichen Voranmeldungen und Vorauszahlungen verpflichtet. Monatliche Voranmeldungen und Vorauszahlungen werden fällig, wenn die Steuer des Vorjahres mehr als 6000 DM betragen hat.

Die Voranmeldungen und die entsprechenden Zahlungen müssen jeweils bis zum 10. Tag nach Ablauf des zu erklärenden Monats geleistet werden.

Die Grunderwerbsteuer

Wer ein Gebäude oder ein Grundstück kauft, der muß 2 % der Kaufsumme an Grunderwerbsteuer entrichten.

Hiervon gibt es einige Ausnahmen. So ist zum Bei-

[28] Stand: 1995

spiel derjenige von der Grundsteuerzahlung befreit, der ein Grundstück kauft, dessen Wert 5000 DM nicht übersteigt. Als allgemeine Ausnahmen gelten auch der Erwerb von Todes wegen und die Schenkung unter Lebenden. Auch Erwerb durch Ehegatten bei Scheidung und Erwerb durch in gerader Linie Verwandte gelten als Ausnahmefälle.

Die Grundsteuer

Die Grundsteuer ist eine kommunale Abgabe. Sie wird ebenso wie die Gewerbesteuer an die Gemeinde abgeführt.

Die Höhe der Grundsteuer bemißt sich nach dem Wert der Grundstücke, deren Wert vom Finanzamt nach dem Einheitswert festgelegt wird. Der Einheitswert dient zur Berechnung eines Steuermeßbetrages, der dann von der Gemeinde mit dem von ihr angesetzten Hebesatz multipliziert wird.

Anders als die Grunderwerbsteuer ist die Grundsteuer eine Betriebsausgabe, die Ihre Bemessungsgrundlage vermindert und so zu einer geringeren Steuerschuld bei der Ermittlung von Körperschaft- bzw. Einkommensteuer führt.

In der absoluten Höhe ist die Grundsteuer in der Regel sehr niedrig, so daß sie als Kostenfaktor fast vernachlässigt werden kann.

Ihre Beziehung zum Finanzamt

Mit der Anmeldung Ihres Betriebes[29] erhält das Finanzamt automatisch eine Information über den neugegründeten Betrieb. Es teilt Ihnen eine Steuernummer mit, die Sie nun bei all Ihren Steuererklärungen und Steuerzahlungen, Nachfragen und Anmeldungen angeben. Das Finanzamt schickt Ihnen Formulare für Ihre Umsatzsteuervoranmeldungen zu.

Wenn Sie mit einem Steuerberater zusammenarbeiten, dann geben Sie immer Ihre gesamte Korrespondenz mit dem Finanzamt, alle Anfragen und Bescheide an ihn weiter. Sie können auch von vornherein festlegen, daß Ihr Steuerberater Ihr Zustellbevollmächtigter sein soll, dann bekommt er automatisch Ihre Finanzamtspost und kann sie rechtzeitig in Ihrem Auftrag bearbeiten.

Sind Sie wirklich mal säumig, so hat das Finanzamt verschiedene Möglichkeiten, auf von Ihnen verpaßte Termine zu reagieren. Wenn Sie auf eine Mahnung nicht reagieren, können Säumniszuschläge festgelegt werden, die unter Umständen recht schmerzlich sind. Verpaßte Erklärungstermine werden mit Androhung und Erzwingungsgeld und später Festsetzung von Erzwingungsgeld geahndet.

Um die Steuerehrlichkeit der Steuerpflichtigen zu überprüfen, hat das Finanzamt u. a. das Instrument der »Kontrollmitteilungen« geschaffen. Die Kontrollmitteilung wandert in Ihre beim Finanzamt geführte Akte und wird bei Gelegenheit – zum Beispiel im Zuge einer Betriebsprüfung – einer Überprüfung unterzogen.

[29] Vgl. hierzu auch das Kapital »Wo müssen Sie Ihren Betrieb anmelden?«, S. 117 f.

Eine Kontrollmitteilung kann zum Beispiel vom Finanzamt erstellt werden, wenn es bei der Überprüfung einer Ihrer Lieferanten oder einer Ihrer Kunden eine Unklarheit gibt, oder wenn einfach festgestellt werden soll, ob die bei diesen gefundenen Beträge auch in Ihren Unterlagen auftauchen.

Wenn Sie zum Beispiel eine Gaststätte betreiben und das Finanzamt hat gerade einen Ihrer Lieferanten überprüft, so kann es durchaus sein, daß eine Kontrollmitteilung über die Menge der an Sie verkauften Pommes Frites in Ihre Akte gelegt wird. Bei einer etwaigen Betriebsprüfung wird dann überprüft, ob Sie – den gekauften Mengen an Pommes Frites entsprechende – Umsätze in Ihrer Kasse vermerkt haben.

Finanzämter verfügen über Kontrollzahlen, die Rückschlüsse auf Ihren Umsatz zulassen. So kann zum Beispiel bei einem Hotel aus der Menge der vom Hotel gekauften Brötchen und Butterstückchen auf die Zahl der Übernachtungen geschlossen werden.

Bei einem begründeten Verdacht der Steuerhinterziehung kann die Steuerfahndung eingeschaltet werden, die weitreichende Befugnisse hat. Lassen Sie sich nicht von dubiosen Geschäftsleuten zu Geschäften überreden, für die kein Beleg erstellt werden soll. Vermeintlich gute Verdienstchancen können sich leicht als Bumerang erweisen. Oft hat das Finanzamt seinen prüfenden Blick auch schon auf die schwarzen Schafe gerichtet.

Versicherungen: Welche müssen sein, welche können und sollten sein?

Als Selbständige sind Sie nicht mehr automatisch versichert, sondern müssen sich selbst um die Deckung Ihrer Risiken kümmern. Sie brauchen für Ihre persönliche Absicherung Versicherungen. Aber auch Ihr junges Unternehmen ist Risiken ausgesetzt, deren Absicherung Sie einer Versicherung übertragen sollten.

Es gibt Versicherungen, die Sie unbedingt haben müssen, und solche, die Sie haben sollten. Daneben gibt es Versicherungen, die Sie abschließen können, wenn Ihr Unternehmen gut angelaufen ist, und es gibt Versicherungen, die Sie nicht unbedingt brauchen. Hier müssen Sie unterscheiden lernen und sich auch die Zeit nehmen, Versicherungsverträge genau durchzulesen.

Überlegen Sie sich in Ruhe, welche der nachfolgenden Versicherungen für Ihr Unternehmen eine besondere Relevanz haben. Welche Versicherungen Sie tatsächlich benötigen, hängt entscheidend von der Art und Struktur des von Ihnen geplanten Unternehmens ab. Gründen Sie zum Beispiel einen Handwerksbetrieb, so sind eine gute Unfallversicherung und eine Absicherung bei Berufs- und Erwerbsunfähigkeit von großer Bedeutung. Wie sieht es mit Schäden aus, die durch Ihre Arbeitsleistung bei Ihren Kunden entstehen können? Eine gute Haftpflichtversicherung brauchen Sie aber auch zum Beispiel im Beratungsbereich. Auch hier können Sie haftbar für solche Schäden gemacht werden, die eindeutig auf eine falsche Beratung zurückgehen.

Keine Unternehmerin sollte auf einen Krankenversicherungsschutz verzichten. Ein Krankenhausbesuch läßt sich heute kaum mehr aus eigener Tasche bezahlen, und ein notwendiger operativer Eingriff kann leicht so teuer wie ein neues Auto werden. Freilich braucht nicht jede Kleinigkeit direkt von der Versicherung bezahlt zu werden. Wenn Sie einen Selbstbehalt vereinbaren, so kommen Sie an sehr viel günstigere Versicherungsprämien. Zudem gibt es bei den privaten Krankenversicherungen häufig die Vereinbarung von Prämienrückzahlungen, wenn über das Jahr keine Leistungen in Anspruch genommen wurden. Machen Sie sich eine Liste, welche Leistungen Sie unbedingt haben möchten, und holen Sie sich dann detaillierte Angebote verschiedener Versicherungsunternehmen ein. Haken Sie nach Ihrer Liste ab, ob alles angeboten wird, was Sie haben wollen. Sichten Sie die Angebote auch nach Fußangeln.

Lassen Sie sich die Angebote per Post zuschicken. Wenn Ihnen ein rhetorisch gut geschulter Versicherungsvertreter gegenübersitzt, dann läßt man sich von seinen schönen Worten blenden und ist nicht mehr frei, sein Angebot gegenüber den anderen objektiv abzuwägen. Letztendlich gilt ohnehin nur, was Sie schriftlich haben. Holen Sie sich zu allen Versicherungen möglichst mehrere Angebote ein, und vergleichen Sie die Konditionen genau. Sie können sich auch eines Versicherungsberaters/beraterin bzw. eines Versicherungsmaklers/maklerin bedienen, die nicht an eine bestimmte Versicherungsgesellschaft gebunden sind.

Ihre Betriebsgründung spricht sich sicherlich schnell in Ihrem Bekanntenkreis herum. Hüten Sie sich nach Möglichkeit vor einem Abschluß von Versicherungsverträgen mit Versicherungsmaklern aus Ihrem per-

sönlichen Umfeld. Im Schadensfall oder bei unsach-
gemäßen Verträgen gibt es hier Probleme bei der
Durchsetzung Ihrer Rechte.

Manches wird in Versicherungsverträgen als Zu-
satzleistung vereinbart, wofür Sie schon eine andere
Versicherung haben. Und hier gilt leider *nicht* das Prinzip: Doppelt gemoppelt hält besser! Im Gegenteil:
Wenn der Schadensfall wirklich eintritt, bekommen
Sie mit den Versicherungen noch zusätzlichen Ärger
darüber, welche denn nun den Schaden übernimmt.
Warten Sie nicht, bis Sie durch ebensolchen klug werden, sondern bauen Sie vor!

Die unabhängigen Versicherungsberater/innen, die
Ihnen – zumindest in den Fällen, in denen Sie selbst
nicht weiterwissen – mit Rat und Tat zur Seite stehen,
können Ihnen den Weg aus dem Labyrinth weisen. Inzwischen gibt es sogar einige Versicherungsberate-
rinnen, die sich auf die Beratung von Frauen spezialisiert haben. Auch hier gilt: Das durch Schaden bezahlte Lehrgeld ist oft höher als die zu zahlenden
Beratungskosten!

So sichern Sie Ihr persönliches Risiko ab

Zu den Versicherungen, die Sie haben sollten, gehört
Ihre private Absicherung solcher Risiken, die früher –
bevor Sie sich selbständig gemacht haben – durch die
Sozialversicherung abgedeckt waren.

Krankenversicherung

Als Selbständige sind Sie in der Regel in der gesetzlichen Krankenversicherung nicht mehr pflichtversi-

chert. Sind Sie jedoch Geschäftsführerin – zum Beispiel einer GmbH – könnten sie unter Umständen –
nämlich dann, wenn Sie keine beherrschende Gesellschafterin sind – je nach Höhe Ihres Gehalts zur Pflicht-
versicherung herangezogen werden.

Sind Sie nicht versicherungspflichtig, können Sie
der gesetzlichen Krankenversicherung jedoch als frei-
williges Mitglied beitreten. Damit erwerben Sie eine
solide Grundversorgung, die Sie unter Umständen
durch eine private Zusatzversicherung aufstocken
können. Sie können aber auch einer privaten Krankenversicherung beitreten. Bei einer privaten Krankenversicherung haben Sie die Möglichkeit, die Leistungen individuell zusammenzustellen, die Sie benötigen. Bedenken Sie aber: Der Weg zurück in die gesetzliche Krankenversicherung ist nur in seltenen Fällen möglich. Vergleichen Sie die Angebote der verschiedenen Versicherungsträger. Oft gibt es große Unterschiede im Leistungs- wie im Beitragsbereich. Ein
Selbstbehalt kann die monatliche Belastung unter Umständen entscheidend vermindern. Als Selbstbehalt
bezeichnet man den Betrag, der von Ihnen selbst getragen wird, bevor Sie die Krankenversicherung in Anspruch nehmen. Haben Sie etwa 1000 DM Selbstbehalt vereinbart, so zahlen Sie erst einmal alle Leistungen bis zu diesem Betrag aus eigener Tasche. Wird der
Selbstbehalt in einem Jahr überschritten, so tritt dann
die Versicherung ein.

Die Vereinbarung eines Selbstbehalts hat noch
einen weiteren Vorteil: In der Regel bekommen Mitglieder, die ihre Krankenversicherung in einem Jahr
nicht in Anspruch genommen haben, einen Teil der
gezahlten Beiträge aus dem Überschuß der Versiche-

rung zurückerstattet. Diese Erstattung kann zum Teil recht beträchtlich ausfallen. Besonders dann, wenn mehrere Jahre hintereinander keine Leistungen zu liquidieren waren.

Haben Sie Mann und Kinder, so erkundigen Sie sich genau, wie Ihre Kinder in Zukunft versichert sind. Treten Sie in eine private Krankenversicherung ein, so müssen Sie die Kinder eventuell auch privat versichern, oder Sie müssen sie bei der gesetzlichen Krankenversicherung als freiwillige Mitglieder anmelden. Das ist davon abhängig, wie Ihr Mann versichert ist und wieviel er – im Verhältnis zu Ihnen – verdient.

Ist Ihr Mann also berufstätig und Mitglied in der gesetzlichen Krankenversicherung, so ist ausschlaggebend, wer von Ihnen mehr Geld verdient. Danach richtet sich, ob die Kinder in der Familienversicherung bleiben können oder getrennt versichert werden müssen.

Rentenversicherung

Die gesetzliche Rentenversicherung ist der größte Zweig der Sozialversicherung. Sie bietet eine Sicherung vor den Risiken des Alters und der Invalidität sowie Absicherung der Hinterbliebenen im Todesfall des Versicherungsnehmers. Diese Sicherungsleistungen sind eigentlich zur Absicherung der abhängig Beschäftigten geschaffen worden. Es gibt aber einige Gruppen von selbständig Tätigen, die auch in der gesetzlichen Rentenversicherung pflichtversichert sind. Hierzu zählen vor allem die Handwerker/innen, die in die Handwerksrolle eingetragen sind.

»Außerdem sind versicherungspflichtig

1. Lehrer und Erzieher sowie Pflegepersonen, wenn sie im Zusammenhang mit ihrer selbständigen Tätigkeit keinen versicherungspflichtigen Arbeitnehmer beschäftigen,

2. Hebammen und Entbindungspfleger,

3. Seelotsen,

4. Künstler und Publizisten nach näherer Bestimmung des Künstlersozialversicherungsgesetzes,

5. Hausgewerbebetreibende,

6. Küstenschiffer und Küstenfischer, die zur Besatzung ihres Fahrzeuges gehören oder als Küstenfischer ohne Fahrzeug fischen und regelmäßig nicht mehr als vier versicherungspflichtige Arbeitnehmer beschäftigen.«[30]

Wenn Sie sich selbständig machen, so können Sie auf Antrag auch als Pflichtversicherte in der gesetzlichen Rentenversicherung bleiben. Sie können jedoch keine Erwerbsunfähigkeitsrente aus dieser gesetzlichen Rentenversicherung erhalten, solange eine selbständige Tätigkeit ausgeübt wird.[31] Dieses Risiko müssen Sie privat absichern.

Als berufsunfähig gilt man, wenn man nicht mehr in der Lage ist, »in seinem bisherigen Hauptberuf oder in einem zumutbaren Verweisungsberuf die Hälfte des Einkommens eines gesunden vergleichbaren Versicherten zu erzielen«.[32] Während Berufsunfähige durchaus noch in anderen Berufen tätig werden können, haben Erwerbsunfähige kein Restleistungsver-

---

[30] Der Bundesminister für Arbeit und Sozialordnung (Hrsg.): Übersicht über die soziale Sicherheit, Bonn 1990, S. 206
[31] Vgl. ebd.
[32] ebd., S. 168

mögen mehr, mit dem sie noch Einkommen für ihren Unterhalt erzielen könnten.

Bedenken Sie bei Ihrer eigenen Absicherung also, daß eine Rente wegen verminderter Erwerbsunfähigkeit (Berufsunfähigkeit) oder Erwerbsunfähigkeit unabdingbar ist, wenn Sie im Falle von Krankheit oder Invalidität nicht mehr in der Lage sind, ein ausreichendes Einkommen aus Ihrer Selbständigkeit zu erzielen.

Private Lebens- und Unfallversicherungen können hier Abhilfe schaffen und diese Versorgungslücke überbrücken, sie bieten diese Leistungen zusätzlich an. Lassen Sie sich bei der Planung Ihrer privaten Absicherung detaillierte Angebote verschiedener Versicherungen geben. Lesen Sie unbedingt die Versicherungsbedingungen aufmerksam durch. Manches – oberflächlich betrachtet – günstige Angebot hat Haken, die erst im Versorgungsfall zu bitteren Erkenntnissen führen.

Als Selbständige haben Sie zahlreiche Möglichkeiten, Vorsorge für das Alter zu treffen. Denken Sie frühzeitig daran, daß Sie auch nach der Zeit als Unternehmerin noch ein gutes Auskommen haben wollen, und planen Sie vor.

Unfallversicherung

Die gesetzliche Unfallversicherung, in der abhängig Beschäftigte automatisch durch ihren Arbeitgeber versichert sind, ist eine Art Haftpflichtversicherung der Arbeitgeber/innen zugunsten ihrer Arbeitnehmer/innen, denen gegenüber sie im Falle eines Unfalls zu Schadenersatz verpflichtet sind. Träger der gesetzli-

chen Unfallversicherung sind die Berufsgenossen-
schaften.

Was aber passiert, wenn Ihnen als Unternehmerin
etwas passiert?

Da die gesetzliche Unfallversicherung nur für Arbeitnehmer vorgeschrieben ist, müssen Sie hier private Vorsorge betreiben. Zum einen können Sie (und
eventuell Ihr im Unternehmen mitbeschäftigter Ehe-
gatte) sich freiwillig in der gesetzlichen Unfallversicherung versichern. Zum anderen kann auch eine private Unfallversicherung Ihnen die unterschiedlichsten
Leistungen bieten.

Während die gesetzliche Versicherung nur bei Un-
fällen im Zusammenhang mit dem Beruf hilft, kann
Ihnen die private Unfallversicherung für Ihr Risiko, das
24 Stunden am Tag besteht, Schutz bieten.

Was ist bei Invalidität? Wie sieht es mit Tagegeld
aus? Was ist, wenn eine Bergung notwendig wird? Das
sind Risiken, die Sie mit einer Unfallversicherung ab-
decken.

Arbeitslosenversicherung

Da Sie nicht mehr als Arbeitnehmerin beschäftigt sind,
sind Sie auch nicht mehr verpflichtet, Beiträge in die
Arbeitslosenversicherung zu zahlen. Ansprüche, die
Sie bisher erworben haben, verfallen nach drei Jahren. Einen Ersatz für die Arbeitslosenversicherung gibt
es für Selbständige nicht.

So versichern Sie Risiken für den Betrieb

Neben den persönlichen Risiken wie Alter, Krankheit, Tod und Unfall entstehen mit der Betriebsgründung für Sie neue Risiken, die einer Abdeckung durch ein Versicherungsunternehmen bedürfen.

Dazu gehören folgende Risiken, die mehr oder weniger großen finanziellen Schaden zur Folge haben können:

- Feuer
- Leitungswasser
- Einbruchdiebstahl und Beraubung
- Betriebsunterbrechung
- Betriebshaftung und Produkthaftung
- Forderungsausfall
- Rechtsstreitigkeiten
- Sturm
- Glasbruch
- EDV-Schäden
- Transportschäden

Feuerversicherung

Von Brand, Blitzschlag und Explosion können in Ihrem Betrieb Schäden der Büro-, Betriebs- und Lagergebäude und auch der Betriebseinrichtungen verursacht werden. Dieses Risiko deckt die Feuerversicherung ab.

Neben diesen direkten (Substanz-)Schäden werden auch Schäden, die etwa im Zuge der Aufräum-, Abbruch- und Löschaktionen entstehen, ersetzt.

Leitungswasser

Leitungswasser kann großen Schaden anrichten, wenn es aus Leitung oder Heizung austritt. Hier sichert die Leitungswasserversicherung das Risiko ab. Es werden Schäden an versicherten Sachen, wie zum Beispiel den Gebäuden, den Betriebseinrichtungen, an Akten und Waren, ersetzt.

Bei Rückstau von Hoch- oder Grundwasser tritt diese Versicherung jedoch nicht ein. Auch Bruch- und Frostschäden müssen gesondert abgesichert werden.

Einbruchdiebstahl und Beraubung

Wenn Ihnen durch Einbruchdiebstahl und Raub sowie durch Vandalismus ein Schaden an Ihrem Gebäude, an technischen oder kaufmännischen Betriebseinrichtungen entsteht, wenn Automaten aufgebrochen werden oder Waren, Geld, Pläne oder Sonstiges gestohlen oder zerstört werden, dann tritt diese Versicherung für den Schaden ein. Voraussetzung ist, daß ein Einbruch vorangegangen ist.

Diese Versicherung ist mit zahlreichen Auflagen verbunden, die Sie, wenn der Schaden in der korrekten Höhe von der Versicherung übernommen werden soll, einhalten müssen.

Betriebsunterbrechungsversicherung

Da eine Betriebsunterbrechung unter Umständen sehr großen Schaden finanzieller und ideeller Art verursachen kann, sollten Sie sich mit einer Betriebsunter-

brechungsversicherung zumindest gegen die finanziellen Risiken absichern.

Eine Betriebsunterbrechungsversicherung tritt dann
ein, wenn zum Beispiel durch Feuer, Einbruchdiebstahl oder Maschinenbruch eine mit Schaden verbundene Betriebsunterbrechung notwendig wird.

Diese Versicherung hält Ihren Betrieb liquide. Auch
wenn ein Schadensfall eingetreten ist, müssen Sie
Löhne und Gehälter und die dazugehörigen Sozialabgaben weiterzahlen. Die Betriebsunterbrechungsversicherung übernimmt die Kosten für die fortlaufenden
Löhne, Gehälter, Sozialabgaben, Mieten und den ent-
gangenen Gewinn.

Eine Betriebsunterbrechungsversicherung ist auch
ein gutes Mittel, um Ihre Kreditwürdigkeit gegenüber
den Banken im Falle eines Schadens zu erhalten.

Haftpflicht- und Produkthaftpflichtversicherung

Als Unternehmerin haften Sie für all solche Schäden,
die von Ihrem Betrieb, Ihnen selber, Ihren Mitarbeitern
widerrechtlich gegen Personen, Sachen oder Vermögen verursacht werden. Auf eine Betriebshaftpflicht-
versicherung sollten Sie auf keinen Fall verzichten.

Wie schnell ist etwas passiert: Eine Kundin rutscht
im Laden aus, weil der Boden naß ist. Eine Mitarbeiterin bietet einer Kundin einen wackligen Stuhl
an, den Sie eigentlich schon ausgemustert hatten, der
Stuhl bricht zusammen, und Ihre Kundin erleidet
einen komplizierten Wirbelbruch. Ihr Baggerführer
beschädigt beim Aushub eines Grabens eine Gaslei-
tung.

Haftpflichtschäden sind in der Höhe unbegrenzt,

achten Sie deshalb darauf, daß Ihre Deckungssumme entsprechend bemessen ist.

Die Produkthaftpflichtversicherung übernimmt solche Schäden, die Abnehmern oder Verbrauchern durch Ihre Produkte entstehen. Nach dem Produkthaftungsgesetz sind sie in diesen Fällen zur Leistung von Schadensersatz verpflichtet.

Auch hier kann leicht ein kostspieliger Schaden entstehen. Sie rühren zum Beispiel natürliche Kosmetika selbst an, die bei einigen Kundinnen plötzlich zu behandlungsbedürftigen Ekzemen führen. Oder Sie haben ein technisches Gerät zusammengebaut, und der Nutzer erleidet einen Stromschlag. Überlegen Sie einmal, wie oft Sie schon von großen Firmen über Rückrufaktionen von schadhaften Teilen per Zeitungsinserat informiert worden sind. Wenn dann keine Versicherung vorliegt, ist ein Konkurs oft nicht weit.

Sichern Sie sich also am besten von Anfang an mit der Betriebs- und Produkthaftpflichtversicherung ab.

Welche Versicherungen man sonst noch brauchen könnte

Eine Kreditversicherung deckt das Risiko aus Forderungen auf Waren- und Dienstleistungen, die durch Forderungsausfall entstehen können. Eine solche Versicherung ist dann unnötig, wenn alle Leistungen immer bar bezahlt werden.

Es kann für Sie als Unternehmerin immer wieder einmal Probleme geben, die nur auf rechtlichem Weg zu klären sind. Hierzu zählen zum Beispiel Personalstreitigkeiten, Mietprobleme und Auseinandersetzungen mit Lieferanten. Die Rechtsschutzversicherung ersetzt Anwalts- und Gerichtskosten.

Durch Sturm oder Hagel verursachte Schäden inklusive Folgeschäden werden durch eine Sturmversicherung gedeckt.

Die Beschädigung von Glasscheiben, Schaufenstern, Türscheiben, Glas, Glasbausteinen, Wandspiegeln, die notwendigen Einsetzarbeiten und die Notverglasung sind durch die Glasversicherung abgedeckt.

Wenn Sie ein Betriebsfahrzeug haben, so müssen Sie natürlich auch ein Kraftfahrzeugversicherung haben.

Eine EDV-Versicherung ersetzt Ihnen Schäden, die durch Bedienungsfehler Ihrer Mitarbeiter oder durch Elementarschäden entstehen können. Ob Sie eine solche Versicherung abschließen wollen, hängt sicher auch davon ab, wie wichtig der Einsatz der EDV in Ihrem Unternehmen ist.

Eine Transportversicherung sichert Sie gegen das Risiko durch Transportunfälle ab. Diese Versicherung ersetzt Ihre Waren bei Beschädigung oder Vernichtung.

Auch Bedienungs- und Konstruktionsfehler, Kurzschluß und Materialfehler können von einer Versicherung gedeckt werden. Fragen Sie hier, wenn dieser Komplex für Sie wichtig ist, nach einer technischen Versicherung.

Wo müssen Sie Ihren Betrieb anmelden?

Die Beantwortung dieser Frage hängt davon ab, welche Art von Unternehmen Sie gründen wollen.

Für Gewerbebetriebe ist das Gewerbeamt zuständig. Das Gewerbeamt prüft bei der Anmeldung, ob Sie eventuell erforderliche Genehmigungen, Konzessionen oder sonstige Vorbedingungen erfüllt haben.

Besondere Vorschriften gelten zum Beispiel für:
- Handwerksbetriebe
- Gaststätten und Hotels
- Verkehrsbetriebe
- Automatenaufsteller
- Spielhallen
- Kraftverkehrsbetriebe

und einige andere, die Sie beim Gewerbeamt oder den Kammern erfragen können.

Sie müssen sich nicht beim Gewerbeamt anmelden, wenn Sie sich in einem freien Beruf selbständig machen wollen. Zu den freien Berufen zählen Ärzte, Architekten, Steuerberater und Rechtsanwälte. Auch als Künstler, Schriftsteller oder Wissenschaftler brauchen Sie keine Anmeldung vorzunehmen. Dasselbe gilt für land- und forstwirtschaftliche Betriebe.

Das Gewerbeamt leitet Ihre Anmeldung an andere Behörden weiter. Dazu zählen:
- das Statistische Landesamt,
- das Finanzamt,
- das Gewerbeaufsichtsamt,
- die Industrie- und Handelskammer bzw. bei Handwerksbetrieben die Handwerkskammer,
- das Registergericht/Amtsgericht,
- das Eichamt,
- die Berufsgenossenschaft.

Sie brauchen sich also nicht zu wundern, wenn Sie von diesen Behörden angeschrieben werden. Die Information über Ihr junges Unternehmen ist über das Gewerbeamt gestreut worden.

Zählen Sie zu den freien Berufen, dann müssen Sie sich um die Anmeldung bei wichtigen Behörden, wie dem Finanzamt und der Berufsgenossenschaft, selbst kümmern.

Beschäftigen Sie Arbeitnehmer, so müssen Sie beim Arbeitsamt eine Betriebsnummer beantragen. Diese Betriebsnummer benötigen Sie für die Meldung Ihrer Arbeitnehmer und für die monatlichen Beitragsnachweise, mit denen Sie die fälligen Sozialversicherungsbeiträge an die Krankenkasse melden. Diese Betriebsnummer behalten Sie, solange Ihr Betrieb besteht.

Sie müssen alle Arbeitnehmer, auch die nur geringfügig oder kurzfristig Beschäftigten (die sogenannten Aushilfen), der Krankenkasse melden. Arbeitnehmer, die Mitglied in einer Ersatzkasse sind, werden an diese Kasse gemeldet. Alle anderen – und alle geringfügig und kurzfristig Beschäftigten – werden den Allgemeinen Ortskrankenkassen (AOK) gemeldet.

Die Krankenkassen erteilen Ihnen eine eigene Betriebsnummer, die für die kasseninterne Abwicklung von Bedeutung ist. Diese kann – in der Regel bei der AOK – mit der Betriebsnummer identisch sein. Geringfügig und kurzfristig Beschäftigte werden auf einem gesonderten Formular der Allgemeinen Ortskrankenkassen gemeldet. Für diese Beschäftigten müssen Sie keinen Beitrag nachweisen. Sie sind jedoch zur Zahlung der Umlage für die Fortzahlung des Lohns im Krankheitsfall[33] verpflichtet. Die Allgemeinen Ortskrankenkassen leiten die Sozialversicherungsmel-

---

[33] Vgl. Hierzu auch das Kapitel: Was kostet ein/e Mitarbeiter/in?, S. 129 ff.

dungen an die Rentenversicherungsträger weiter. Von diesen werden auch Doppelarbeitsverhältnisse u. a. überprüft.

Stellt sich etwa heraus, daß ein geringfügig Beschäftigter mehreren Arbeitsverhältnissen nachgeht, so wird überprüft, ob der Lohn aller Arbeitsstellen zusammengerechnet die Geringfügigkeitsgrenze überschreitet. Dann entsteht automatisch ein sozialversicherungspflichtiges Beschäftigungsverhältnis.

Vorsicht ist auch bei solchen Arbeitnehmern geboten, die arbeitslos sind. Sie gelten als arbeitssuchend und können daher ohne Absprache mit dem Arbeitsamt keine geringfügige Beschäftigung übernehmen. Diese wird eventuell sofort sozialversicherungspflichtig. Sprechen Sie in Zweifelsfällen mit den Beratern des Arbeitsamtes.

Je nach gewählter Rechtsform ist eine Handelsregistereintragung notwendig.[34] Diese Eintragung wird durch einen Notar vorgenommen.

Vergessen Sie nicht, Ihren Betrieb bei den zuständigen Energieversorgungsunternehmen und bei den Entsorgungsunternehmen anzumelden. Sie stehen sonst am Eröffnungstag vielleicht im Dunkeln.

---

[34] Vgl. hierzu auch das Kapitel »Die richtige Rechtsform«, S. 85 ff.

Wenn Sie Personal benötigen

Je schneller Ihr Betrieb wächst, desto früher stellen Sie fest, daß Sie nicht alles allein schaffen können. Sie brauchen Personal.

Auch die beste Freundin kann nur ein Notnagel sein und fühlt sich von Ihnen ausgenutzt, wenn Sie sie immer nur in Notfällen anrufen, Sie vor lauter Arbeit weder ein noch aus wissen und dringend ihrer Mithilfe bedürfen.

Weder Freunde noch Verwandte sind langfristig immer die beste Wahl, wenn es darum geht, Sie zu entlasten. Sicher, man hat oft das Gefühl, sich auf Freunde und Verwandte besser verlassen zu können, als auf noch unbekannte zukünftige Arbeitnehmer/innen. Stellen Sie aber zumindest die gleichen Anforderungen bei Freunden und Verwandten, die Sie gegenüber fremden Dritten auch stellen würden. Es hilft Ihnen nicht, wenn Sie zwar jemanden aus dem Freundes- oder Verwandtenkreis beschäftigt haben, dieser aber die anfallenden Arbeiten nicht so erledigen kann, wie es für Ihr junges Unternehmen notwendig wäre und Sie sich nicht trauen, mal ein energisches Gespräch zu führen.

So stellen Sie Ihren Personalbedarf fest

Setzen Sie sich in Ruhe hin, und überlegen Sie, welche Arbeiten in Ihrem Betrieb getan werden müssen.

Teilen Sie dann die Aufgaben ein in diejenigen, die Sie selber erledigen müssen, jene, die Sie übernehmen wollen und solche, die Sie – aber auch andere – erfüllen können. Mit einer solchen Auflistung haben Sie einen Überblick, welche Arbeiten von zusätzlichen Arbeitskräften übernommen werden könnten.

Können die Aufgaben, die für andere übrigbleiben, von einer Arbeitskraft übernommen werden, oder haben Sie mehrere Stellen zu schaffen? Gehören die Aufgaben in einen Tätigkeitsbereich, etwa Büroarbeiten? Oder sind unterschiedliche Tätigkeitsfelder zu berücksichtigen? Wie viele Mitarbeiter brauchen Sie insgesamt, um diese Arbeiten zu erledigen? Wollen Sie mit Vollzeitarbeitskräften arbeiten, oder sind es Tätigkeiten, die sich für Teilzeitarbeit eignen?

Wenn Sie Klarheit über den Umfang der an Arbeitnehmer zu vergebenen Aufgaben haben, müssen Sie sich Gedanken darüber machen, welche Qualifikation Ihre zukünftige Arbeitnehmer/innen mitbringen müssen. Welche Kenntnisse sind unbedingt notwendig? Welche Vorbildung wollen Sie verlangen? Sind körperliche Voraussetzungen maßgeblich?

Haben Sie auf diese Weise Ihren Personalbedarf ermittelt und eine Checkliste der unentbehrlichen und der gewünschten Eigenschaften und Fähigkeiten Ihres/er zukünftigen Mitarbeiters oder Ihrer Mitarbeiterin erstellt, können Sie daran gehen, jemanden zu suchen.

So finden Sie Mitarbeiter/innen

Es bieten sich mehrere Wege an. So können Sie zum Beispiel eine Annonce in Zeitungen und/oder Zeitschriften setzen. Sie können Ihr Arbeitsamt nach einem geeigneten Bewerber – einer geeigneten Bewerberin – fragen, und Sie können in Ihrem Umfeld nach geeigneten Kandidaten Ausschau halten. Jetzt haben Sie ja die Anforderungen der zu besetzenden Stelle notiert und können anhand Ihrer Checkliste überprüfen, ob sich der oder die eine oder andere dafür eignen.

Welchen Weg Sie letztendlich beschreiten, ist auch davon abhängig, welche Qualifizierungsanforderungen von Ihnen zu stellen sind. Da die Suche über Ausschreibungen in Zeitschriften und Zeitungen die kostspieligste ist, überlegen Sie sich am besten vorher genau, welche Zeitung oder Zeitschrift von denjenigen gelesen wird, die Sie suchen.

Wenn die Qualifikation hoch sein soll, dann ist in der Regel eine überregionale Zeitung oder Zeitschrift zu wählen. Suchen Sie beispielsweise eine/n hochqualifizierte/n und spezialisierte/n Betriebswirt/in, so werden Sie diese/n nicht gerade über eine Anzeige im Regionalteil Ihrer Tageszeitung finden. Für ihn/sie ist eher die Samstagsausgabe der *Frankfurter Allgemeinen Zeitung* maßgeblich. Andererseits sucht eine Bürokauffrau nicht gerade in dieser Zeitung nach einem künftigen Arbeitgeber.

Forsten Sie auch die Stellengesuche nach geeigneten Bewerbern durch. Hier finden Sie Menschen, die oft selbst die Initiative ergriffen haben, um einen neuen Arbeitsplatz zu finden.

So wählen Sie die Mitarbeiterin/
den Mitarbeiter aus

Ein junger Betrieb wie Ihrer ist für qualifizierte Arbeitnehmer/innen nicht unbedingt so attraktiv wie ein eingeführtes Unternehmen. Das heißt aber nicht, daß Sie so ohne weiteres von Ihren Qualitätsanforderungen abrücken sollen.

Wenn Sie von allen Bewerbungsunterlagen bekommen, prüfen Sie diese sehr sorgfältig. Schauen Sie, ob das, was er/sie bisher gemacht hat, sinnvoll in Ihr Unternehmen einzubringen ist. Weist der Lebenslauf Lücken auf, so müssen Sie nachhaken. Prüfen Sie die Bewerbungsunterlagen vor allem daraufhin, ob die Bewerberin/der Bewerber den von Ihnen aufgestellten Qualifikationen entspricht. Sollten Sie überhaupt keine vernünftigen Bewerbungen bekommen haben, so schreiben Sie die Stelle lieber noch einmal neu aus, anstatt eine Ihnen ungeeignet erscheinende Person einzustellen.

Die Sichtung der Bewerbungsunterlagen läßt immer Fragen offen. Laden Sie interessante Bewerber/innen zu einem Vorstellungsgespräch ein. Ein Vorstellungsgespräch dient dazu, sich persönlich kennenzulernen und offene Fragen zu klären.

Sicher spielt die Sympathie für den/die eine/n oder andere/n Bewerber/in eine große Rolle. Schließlich arbeitet man ja Tag für Tag miteinander und möchte Menschen um sich haben, mit denen man sich gut versteht. Die Sympathie sollte aber nicht der Hauptgrund für eine Einstellung sein. Später kann man große Probleme gerade mit einer/einem solchen Bewerber/in bekommen, bei der/dem man – wegen einer spontanen Sympathie im Vorstellungsgespräch – Lücken im Lebenslauf oder unklare Stellen nicht mehr besonders abgeklopft hat.

Es gibt viele Bücher darüber, wie ein Vorstellungsgespräch aussehen kann und was man dabei beachten sollte. Hier kann man wertvolle Anregungen bekommen, wie man ein solches Gespräch führen kann. Seien Sie aber auch offen für Signale, die Ihnen Ihr Gesprächspartner unbewußt übermittelt.

Viele Bewerberinnen und Bewerber haben heute schon trainiert, sich bei Vorstellungsgesprächen optimal darzustellen. Das macht es zunehmend schwieriger, zwischen geeigneten und ungeeigneten zukünftigen Mitarbeiter/n/innen zu unterscheiden. Sollten Sie tatsächlich einen Fehlgriff getan haben, so können Sie diesen in der Probezeit noch korrigieren. In der Probezeit haben Sie die Möglichkeit, sich von einer Arbeitnehmerin/einem Arbeitnehmer ohne große Formalitäten zu trennen. Dasselbe Recht auf schnelle Trennung in der Probezeit steht auch Ihrer Mitarbeiterin und Ihrem Mitarbeiter zu.

Je kleiner Ihr Betrieb ist, desto wichtiger ist es, daß Sie eine/n geeignete/n Mitarbeiter/in an Ihrer Seite haben. Gerade in Ihrer Aufbauzeit wird Ihr Personal zum entscheidenden Faktor. Seien Sie in Ihrer Personalauswahl also besonders sorgfältig. Ein Großbetrieb mag das eine oder andere schwarze Schaf noch durchfüttern können, einem Kleinbetrieb kann das zum Verhängnis werden.

Das steht im Arbeitsvertrag

Legen Sie in einem schriftlichen Arbeitsvertrag die Konditionen der Zusammenarbeit fest. Im Schreibwarenhandel erhalten Sie Formverträge, die die wichtigsten Regelungen enthalten. Sie können einen Arbeitsvertrag aber auch selbst aufsetzen. Halten Sie in einem Arbeitsvertrag alles schriftlich fest, was Sie im Einstellungsgespräch verabredet haben. In den Arbeitsvertrag gehören die Rechte, die Pflichten und die sonstigen Konditionen der Zusammenarbeit. Dazu zählen:

● Beginn des Arbeitsverhältnisses
● Arbeitsstunden pro Tag, pro Woche
● Beginn und Ende der Arbeitszeit
● Aufgabengebiet der Arbeitnehmerin/des Arbeitnehmers
● Häufigkeit und Dauer der Pausen
● Höhe des Lohns bzw. Gehalts
● Zusätzliche Sozialleistungen
● Zusätzliche Zahlungen wie Urlaubsgeld oder Weihnachtsgeld
● Anzahl der Urlaubstage
● Kündigungsvorschriften
● Dauer der Probezeit
● Konsequenzen bei Vertragsbruch

Erstellen Sie eine doppelte Ausfertigung des Arbeitsvertrages, der jeweils von Ihnen und Ihrem zukünftigen Mitarbeiter/Ihrer Mitarbeiterin unterschrieben werden soll. Jeder erhält ein Exemplar.

Ihr erster Tag als Arbeitgeberin

Lassen Sie sich gleich am ersten Arbeitstag die »Papiere«, das sind im Regelfall das Sozialversicherungsheft und die Lohnsteuerkarte, aushändigen. In einigen Branchen – wie zum Beispiel im Baugewerbe – besitzen die Arbeitnehmer auch noch Lohnnachweiskarten oder Nachweise für die Urlaubskasse, die Ihnen zu übergeben sind.

Sie sind verpflichtet, die Krankenkasse umgehend vom Beginn des Beschäftigungsverhältnisses zu informieren. In der Regel sollten Sie dies bis zum dritten Tag getan haben. Im Bauhaupt- und Baunebengewerbe, bei Gebäudereinigungen, im Ausstellungs- und Messebau und im Schaustellergewerbe sind Sie sogar verpflichtet, die Arbeitsaufnahme bereits am ersten Tag an die Sozialversicherung zu melden. Die Übergabe der Papiere schützt Sie davor, daß Ihr/e Mitarbeiter/in noch anderen lohnsteuerpflichtigen Arbeitsverhältnissen gleichzeitig nachgeht.

Als Arbeitgeber sind Sie verpflichtet, Ihre/n neue/n Mitarbeiter/in zur Sozialversicherung anzumelden. Das tun Sie, indem Sie die Krankenkasse informieren, die Ihre Meldung an die Renten-, Arbeitslosen- und Pflegeversicherung weiterreicht. Dazu gibt es Vordrucke, die Sie im Sozialversicherungsheft Ihres/r Arbeitnehmers/in finden. Trennen Sie einen Nachweis heraus, und füllen sie ihn aus. Der Sozialversicherungsnachweis hat drei Ausfertigungen. Das Original geht an die Krankenkasse, ein Duplikat ist für Sie und ein weiteres für Ihre/n Mitarbeiter/in bestimmt.

Bei der Berufsgenossenschaft melden Sie Ihre Mitarbeiter zur Unfallversicherung an. Wenn Sie eine

Firma haben, die dem Bauhaupt- oder Baunebengewerbe zugeordnet wird, müssen Sie Ihre Mitarbeiter
auch zur ZVK für das Bauhauptgewerbe (Zusatzver-
sorgungskasse des Baugewerbes), LAK (Lohnaus-
gleichskasse) und ähnlichen Versorgungskassen melden. Ihre Handwerkskammer gibt Ihnen hierüber Auskunft. Hier müssen Sie auch Beiträge für Ihre Mitarbeiter entrichten.

Beschäftigen Sie in der ersten Zeit lediglich geringfügig oder kurzfristig Beschäftigte – sogenannte Aushilfen –, so wird auch hier eine Anmeldung bei der für
Sie zuständigen Ortskrankenkasse (AOK) fällig. Dafür
gibt es gesonderte Vordrucke, die Sie bei der AOK erhalten. Eine Lohnsteuerkarte brauchen Sie bei diesen
Arbeitskräften nicht, da Sie für sie eine pauschale
Lohnsteuer in Höhe von 15 % (für geringfügig Beschäftigte) oder 25 % (für kurzfristig Beschäftigte) zu-
züglich Kirchensteuer und Solidaritätszuschlag[35] an
Ihr zuständiges Finanzamt bezahlen.

Für die Beschäftigung von geringfügig/kurzfristig
Beschäftigten gelten gesonderte Bestimmungen, die
jährlich geändert werden. Hierüber informieren Sie
Schriften der Allgemeinen Ortskrankenkassen und
Ausführungsbestimmungen zum Lohnsteuerverfah-
ren. Auch im Anhang der im Buchhandel und Zeit-
schriftenhandel erhältlichen Lohnsteuertabellen finden sich die steuerlichen Ausführungsbestimmungen
zur pauschalen Lohnsteuer. Beachten Sie bitte, daß die
sozialversicherungsrechtliche und die steuerrechtliche
Behandlung der sogenannten Aushilfen nicht identisch ist. Es gelten unterschiedliche Begrenzungen.

---

[35] Stand: 1995/96 voraussichtlich 20/30 %

Es gibt zahlreiche rechtliche Bestimmungen, die Sie als Arbeitgeberin beachten müssen. Hierzu zählen u. a. Kündigungsvorschriften, Tarifverträge und Arbeitsschutzvorschriften. Doch lassen Sie sich nicht schrecken. Erkundigen Sie sich lieber, welche Vorschriften für Sie maßgebend sind und welche Sie im Prinzip nicht betreffen. Hier helfen Ihnen die Kammern. Bei Einzelfragen können Sie sich auch an Rechts- und Steuerberater und – je nach Problem – auch an das zuständige Finanzamt wenden. Die Krankenkassen nehmen sich im Bedarfsfall ebenfalls Zeit für ein Informationsgespräch.

Was kostet ein/e Mitarbeiter/in?

Die Kosten für einen Mitarbeiter bzw. eine Mitarbeiterin sind nicht auf die Höhe eines vereinbarten Bruttolohns beschränkt; es fallen für Sie noch weitere Belastungen an. Doch zunächst zu den Begriffen, die im Bereich Lohn und Gehalt für Sie wichtig werden können:

Von einem vereinbarten Bruttolohn werden die Lohn- und Kirchensteuer und die Sozialversicherungsbeiträge des Arbeitnehmers abgezogen. Den um diese Beträge verminderten Bruttolohn nennt man Nettolohn bzw. -gehalt. Diese Rechnung wird auch als Brutto-/Netto-Abrechnung bezeichnet.

Zum Nettoverdienst können weitere Nettozuschläge oder Nettoabzüge hinzugerechnet oder von ihm abgezogen werden. Dazu gehören zum Beispiel vermögenswirksame Leistungen (VL) oder Kostenbeteiligungen durch Arbeitnehmer/innen etwa an Arbeitsschuhen oder der Reinigung der Arbeitskleidung. Den so ermittelten Betrag, der dann tatsächlich an den/die Arbeitnehmer/in gezahlt wird, nennt man Auszahlung. Der Nettoverdienst kann also mit der Auszahlung identisch sein – muß es aber nicht.

Die Höhe der abzuziehenden Lohnsteuer und Kirchensteuer richtet sich nach der Steuerklasse Ihres Arbeitnehmers/Ihrer Arbeitnehmerin. Die Lohnsteuerklasse hängt wiederum von der familiären Situation ab.

So ist die Steuerklasse I den Ledigen vorbehalten. Steuerklasse II wird an die Ledigen mit Kinderfreibeträgen vergeben. Bei Verheirateten besteht die Möglichkeit, daß der eine Steuerklasse III wählt und der andere Steuerklasse V erhält, es können auch beide Eheleute IV wählen. Die Steuerklasse VI schließlich ist für diejenigen bestimmt, die noch eine zweite oder sogar dritte Lohnsteuerkarte benötigen, die also mehreren steuerpflichtigen Beschäftigungsverhältnissen nachgehen. Von den genannten Steuerklassen ist die Lohnsteuerklasse III die günstigste.

Minderjährige Kinder bzw. Kinder bis zur Beendigung ihrer Ausbildung wirken sich ebenfalls steuermindernd aus. Für jedes Kind wird ein Kinderfreibetrag eingetragen. Dieser kann einem Partner zugerechnet werden oder hälftig geteilt werden.

Zu den Sozialversicherungsbeiträgen, die zur Hälfte vom Arbeitnehmer und zur anderen Hälfte vom Arbeitgeber zu zahlen sind, zählen der Rentenversicherungsbeitrag, der Krankenversicherungsbeitrag, der Beitrag zur Arbeitslosenversicherung und der zur Pflegeversicherung.

Zur Kostenbelastung des Arbeitgebers gehört also neben dem reinen Bruttolohn eines Arbeitnehmers/

einer Arbeitnehmerin die hälftige Übernahme der Sozialversicherungsbeiträge. Sie zahlen in gleicher Höhe wie der Arbeitnehmer: Rentenversicherungsbeitrag, Krankenversicherungsbeitrag, Beitrag zur Arbeitslosen- und zur Pflegeversicherung. Zusätzlich kommen Sie allein für die Beiträge zur Unfallversicherung an die Berufsgenossenschaft auf.

Folgendes Beispiel auf Seite 132 zeigt Ihnen, wie bei einer ledigen Mitarbeiterin (Lohnsteuerklasse I) eine Gehaltsabrechnung aussehen könnte.

Sie sehen, zwischen der Arbeitgeber-Belastung und der Auszahlung an Ihre Mitarbeiterin liegt eine große Differenz. Vereinbaren Sie daher bei Einstellung nie einen Nettolohn, dessen Kosten Sie nicht vorher errechnet haben. Legen Sie bei Nettolohnvereinbarungen auch fest, was bei Veränderung, wie zum Beispiel Steuerklassenwechsel, passiert, sonst könnte das teure Folgen für Sie haben.

Neben den genannten Belastungen zahlen Sie für alle Arbeitnehmer, einschließlich der geringfügig und kurzfristig Beschäftigten, sogenannte Umlagebeiträge. Umlage 1 ist nur für Arbeiter und Aushilfen im gewerblichen Bereich zu zahlen. Aus dem Topf dieser Umlage erhalten Sie eine anteilige Erstattung der Kosten, die Ihnen durch die Lohnfortzahlung an Arbeitnehmer im Krankheitsfall entstehen können.

Sie sind bei Arbeitern, Angestellten und geringfügig Beschäftigten zur Weiterzahlung des Lohnes bzw. Gehalts für sechs Wochen pro Krankheitsfall verpflichtet. Die Kosten dieser Lohnfortzahlung im Krankheitsfall müssen Sie bei Angestellten aus dem eigenen Portemonnaie bestreiten. Bei Arbeitern und Aushilfen übernimmt die Krankenkasse einen Teil der Kosten –

Beispiel einer Brutto-/Netto-Abrechnung 2500,– DM brutto Lohn/Gehalt bei 12,5 % Krankenversicherungsbeitrag, Lohnsteuerklasse I

		lfd. Gehalt	
Bruttolohn/Gehalt	:	2500,00	
GESAMTBRUTTO:			2500,00
Bruttoabzüge			
– Lohnsteuer..................	:		308,66
– Kirchensteuer..............	:		27,77
– Solidaritätszuschlag......	:		23,14
– Krankenversicherung.....	:		156,25
– Rentenversicherung......	:		232,50
– Arbeitslosenversicherung:		81,25	
– Pflegeversicherung........	:		12,50
NETTOLOHN:		1657,93	
Nettoabzüge			
– Geldwerter Vorteil.........	:		0,00
– Pfändbarer Betrag.........	:		0,00
– sonstiger Nettoabzug.....	:		0,00
– Vermögensw. Leistung...	:		0,00
Nettobezüge			
– AG-Zuschuß KV/PV.........	:		0,00
– sonstiger Nettobezug.....	:		0,00
AUSZAHLUNGSBETRAG:			1657,93
Arbeitgeber-Gesamtbelastung			
Gesamtbrutto..................	:		2500,00
AG-Zuschuß KV/PV............	:		0,00
AG-Anteil SV			
– Krankenversicherung	:	156,25	
– Rentenversicherung.......	:	232,50	
– Arbeitslosenversicherung	:	81,25	
– Pflegeversicherung........	:	12,50	
Arbeitgeber-Gesamt-			482,50
belastung...................	:		2982,50

gesetzt den Fall, Sie waren zur Umlagezahlung verpflichtet. Bei über 25 Mitarbeitern können Sie von der Umlagepflicht befreit werden.

Aus dem Topf der Umlage 2, die Sie sowohl für Arbeiter als auch Angestellte bezahlen müssen, ersetzt Ihnen die Krankenkasse anteilig solche Ausgaben, die Ihnen durch Mutterschaftsleistungen entstehen.

Wenn Sie Ihre Arbeitnehmer an die Krankenkasse melden, bekommen Sie von dieser Formulare für die Meldung der monatlichen Beiträge.

Bei bestimmten Berufsgruppen – wie zum Beispiel den schon erwähnten Mitarbeitern im Bauhaupt- und Baunebengewerbe – können zum Teil noch recht beträchtliche Zahlungen an zusätzliche Versorgungskassen fällig werden. So betrug zum Beispiel der Beitrag zur ZVK des Bauhauptgewerbes 1995 20,15 % der Bruttolohnsumme. Dafür werden allerdings auch Zahlungen, zu denen der Arbeitgeber verpflichtet ist, wie etwa Urlaubstagevergütungen, von der Zusatzkasse erstattet.

Sonstige Zahlungen an Ihre Arbeitnehmer, wie zum Beispiel Urlaubsgeld und Weihnachtsgeld, sind von Ihrer Gestaltung der Arbeitsverträge abhängig. Beachten Sie nur, daß durch regelmäßige Zahlungen auch ein neuer Anspruch begründet werden kann, wenn nicht extra darauf hingewiesen wird, daß es sich um eine freiwillige einmalige Leistung der Arbeitgeberin handelt.

Anders sieht es allerdings aus, wenn Ihr Betrieb tarifgebunden ist. Tarifverträge regeln teilweise äußerst detailliert nicht nur die Höhe des Lohns und Gehalts, sondern auch die Art und Höhe zusätzlicher Arbeitgeberleistungen.

Tarifliche Regelungen gelten im Prinzip nur für ta-
rifgebundene Arbeitsverhältnisse, »die unter den zeit-
lichen, räumlichen, betrieblich/fachlichen und persönlichen Geltungsbereich des Tarifvertrages fallen«.[36] Nur wenn ein Arbeitgeber tarifgebunden ist
und er einen Arbeitnehmer beschäftigt, der Mitglied
der entsprechenden Gewerkschaft ist, kann dieser Arbeitnehmer die Einhaltung der Vorschriften des Tarifvertrages verlangen. Eine Ausnahme hiervon tritt
dann in Kraft, wenn der Tarifvertrag vom Bundesminister für Arbeit und Sozialordnung oder von dem örtlichen zuständigen Landesarbeitsminister für allge-
meinverbindlich erklärt worden ist.[37] Ob diese Regelung auch auf Ihr Unternehmen zutrifft, erfahren Sie
bei dem für Sie zuständigen Arbeitgeberverband.

Neben den Kosten, die an die Höhe des Lohns gebunden sind, entstehen Ihnen durch eine Mitarbeiterin bzw. einen Mitarbeiter auch Kosten dadurch, daß
Sie einen Arbeitsplatz zur Verfügung stellen. Kosten,
die Sie haben, wenn Sie für Ihre/n Mitarbeiter/in einen
Arbeitsplatz einrichten. Das kann mehr oder weniger
teuer sein.

Beschäftigen Sie zum Beispiel eine Bürokraft, so
müssen Sie dieser einen Arbeitsraum und zumindest
einen Schreibtisch und einen Stuhl zur Verfügung stellen. Soll sie effektiv und effizient arbeiten, so werden
Sie sicher auch die Anschaffung entsprechender
Geräte, wie etwa Computer, Schreibmaschine, Re-
chenmaschine, nicht scheuen.

---

[36] Der Bundesminister für Arbeit und Sozialordnung (Hrsg.): Übersicht über das Recht
der Arbeit, 3., neubearbeitete und erweiterte Auflage, Bonn 1989, S. 270 f.
[37] Vgl. hierzu: ebd., S. 56 und S. 27 I.

Es kann auch sein, daß Ihnen Kosten durch behördliche Auflagen entstehen, die mit der Beschäftigung von Mitarbeitern zusammenhängen. So müssen Sie etwa, wenn Sie Personen beiderlei Geschlechts beschäftigen, zwei getrennte Toiletten nachweisen können.

Wo können sich Ihre Mitarbeiter aufhalten, wenn sie Pause haben? Müssen Sie vielleicht einen kleinen Raum hierfür freihalten, oder gehen Ihre Mitarbeiter in der Mittagspause ins nahegelegene Café oder nach Hause? Welches Arbeitsmaterial müssen Sie Ihren Mitarbeitern zur Verfügung stellen? Ist eine besondere Schutzkleidung erforderlich? Braucht eine Mitarbeiterin einen Präsentationskoffer?

Es reicht also nicht, einfach jemanden zur eigenen Entlastung einzustellen. Machen Sie sich vorab Gedanken, wie der Arbeitsplatz aussehen muß, damit Ihre Mitarbeiterin bzw. Ihr Mitarbeiter schon am ersten Tag das Gefühl hat, willkommen zu sein. Die Motivation zum guten Arbeiten hängt entscheidend davon ab, wie ein/e neue/r Mitarbeiter/in am ersten Tag empfangen worden ist. Machen Sie sich das zunutze. Denken Sie daran, hier gilt das gleiche wie Ihren Kunden und Lieferanten gegenüber:

Der erste Eindruck zählt!

Wer tut was? Legen Sie Arbeitsbereiche fest!

Legen Sie von vornherein ganz klar die Kompetenzen fest. Das erspart Ihnen den späteren Ärger. Versuchen Sie, sich in Ihre Mitarbeiter hineinzudenken. Wie erginge es Ihnen, wenn Sie an Ihren neuen Arbeitsplatz kommen und im Prinzip nicht wissen, was Sie nun zu tun haben und wie weit Ihre Befugnisse gehen: Dürfen Sie selbst mit Kunden verhandeln, oder will das Ihre Chefin allein tun? Sollen Sie zwischendurch die Regale abstauben, oder tut das jemand anderer? Können Sie von sich aus in die Pause gehen, oder müssen Sie das jeweils mit anderen abstimmen?

Legen Sie von vornherein fest, welche Aufgaben, Rechte und Pflichten Ihre neue Mitarbeiterin bzw. Ihr neuer Mitarbeiter zu übernehmen hat und welche nicht in ihr bzw. sein Aufgabengebiet fallen. Sie tragen damit nicht nur zu Ihrer eigenen Gelassenheit, sondern auch zur Arbeitszufriedenheit Ihrer Mitarbeiterin/Ihres Mitarbeiters bei.

»Ohne Moos nix los!« Kapitalplanung und was dazu gehört

Die Starthilfe-Broschüre des Bundesministeriums für Wirtschaft berichtet, daß von allen Existenzgründungen jedes zweite Unternehmen – nach etwa fünf Jahren spätestens – scheitert. Der häufigste Grund seien Finanzierungsfehler. Als typische Fehler bei der Finanzierung nennt die Broschüre, die Sie kostenlos beim Bundesministerium für Wirtschaft[38] anfordern können:

- zu wenig Eigenkapital,
- keine rechtzeitigen Verhandlungen mit der Hausbank,
- Verwendung des Kontokorrentkredits zur Finanzierung von Investitionen,
- hohe Schulden bei Lieferanten,
- unterlassene Beantragung öffentlicher Finanzierungshilfen,
- mangelhafte Planung des Kapitalbedarfs,
- finanzielle Überlastung durch scheinbar günstige Kreditangebote.

Diese Fehler zu kennen heißt, sie vermeiden zu können. Prüfen Sie gerade diese Punkte sorgfältig. Ein Finanzierungskonzept läßt sich nicht einfach so nebenbei erstellen. Gehen Sie sehr sorgfältig mit den Zahlen um. Fehlende finanzielle Mittel können sehr schnell zum Aus für Ihre junge Firma werden.

---

[38] Bundesministerium für Wirtschaft (BMWi): Starthilfe »Der erfolgreiche Weg in die Selbständigkeit« Bonn 1994

Frauen, Männer und Geld...

Die Deutsche Ausgleichsbank, die als Trägerin von Existenzgründungsprogrammen Langzeitstudien über Existenzgründer anfertigt, hat festgestellt, daß es bei den Ursachen für gescheiterte Gründungen kaum bedeutende Unterschiede zwischen Männern und Frauen gibt.

Der einzige, wirklich gravierende Unterschied fand sich lediglich im Bereich »Informationsmängel«. Hier schnitten Frauen deutlich schlechter ab. Bei über 70 % der Frauen waren als eine Ursache der Unternehmensschließung Informationsmängel festzustellen. Bei den Männern betraf dieser Punkt nur ca. 60 %.

Geschlechtsspezifische Unterschiede lassen sich beim Scheitern von Existenzgründungen also kaum noch ausmachen. Vielleicht gehen Frauen etwas zögerlicher an die Mittelbeschaffung heran. Viele Studien, die das Scheitern von Existenzgründungen untersuchen, beziehen jedoch nur solche Gründungen mit ein, die öffentlich gefördert werden. Da viele Frauen aber von vornherein auf die Inanspruchnahme öffentlicher Mittel verzichten, werden sie hier also nicht erfaßt.

Bei den meisten Studien kristallisiert sich heraus, daß das Scheitern eher an der Wahl der Branche und des Tätigkeitsbereichs liegt als an am Geschlecht festzumachenden Unterschieden. In der vom Bundesministerium für Frauen und Jugend im Auftrag erstellten Kurzstudie zur »Förderung der beruflichen Selbständigkeit von Frauen als Beitrag zur kommunalen Wirtschaftsentwicklung« werden folgende Thesen entwickelt:

1. Frauen gründen vornehmlich in Wirtschaftszweigen oder Branchen, die zwar nur geringe Zutrittsbarrieren haben, gleichzeitig jedoch bereits dicht besetzt und daher einem starken Wettbewerbs- und Verdrängungsdruck ausgesetzt sind. Sie bieten nur wenig Chancen für eine wirklich erfolgreiche Existenzgründung.

2. Die »Präferenzliste« der am stärksten von Frauen bevorzugten Tätigkeitsfelder ist in den alten und neuen Bundesländern fast deckungsgleich. Bevorzugt werden insbesondere Gründungen im Bereich von modeorientiertem Einzelhandel, Körperpflege und Kosmetik.[39]

Die Studie kommt zu dem Schluß: »In den genannten Branchen könnten auch Männer mit mehr Eigenkapital keinen größeren Erfolg erzielen. Sie würden bei der Präsentation eines vergleichbaren Gründungsvorhabens von Kreditinstituten mit den gleichen Vorbehalten und mit meist negativem Ergebnis geprüft werden.«[40]

Das heißt, daß das Scheitern von Existenzgründungen nichts damit zu tun hat, ob sich eine Frau oder ein Mann daran versucht hat. Es heißt jedoch auch, daß Frauen bei der Wahl der Branche häufig blauäugig in ihr Unglück rennen. Vielleicht liegt die Branchenwahl ja in persönlichen Neigungen begründet, vielleicht glaubt auch manche Frau, ein Kosmetikstudio oder eine Boutique liefen problemlos, weil sie sich selbst für Mode und Kosmetik interessiert, aber – wie Sie sehen – man muß hier besonders gründlich abwägen, ob man ein solch hohes Risiko eingehen will.

[39] BMFJ: Förderung der beruflichen Selbständigkeit von Frauen, a. a. O., S. 27 ff.
[40] Ebd., S. 31

Es gibt für Frauen zusätzliche Erschwernisse bei einer Existenzgründung, die nicht wegzudiskutieren sind, jedoch als Ursachen für das Scheitern einer selbständigen Existenz nicht maßgeblich sind. Dazu gehört die immer noch vorhandene Skepsis des sozialen Umfelds gegenüber der selbständigen beruflichen Tätigkeit einer Frau. Dazu gehört auch die Schwierigkeit, daß eine selbständige Frau – trotz der neuen zusätzlichen Belastungen – ihrer weiblichen Rolle mit all ihren Aufgaben wie zum Beispiel der Erziehung der Kinder und der Regelung des Haushalts gleichzeitig gerecht werden muß.

Keine Ursache für das Scheitern einer Existenzgründung, jedoch eine Ursache für ein geringeres Beschäftigungswachstum und eine geringere Umsatzentwicklung ist die Höhe der Erstinvestition. Die Deutsche Ausgleichsbank hat festgestellt, daß der wirtschaftliche Erfolg und die Geschwindigkeit des Betriebswachstums bei von Frauen geführten Unternehmen deutlich geringer sind als beim Durchschnitt aller Betriebe bzw. verglichen mit den von Männern geführten Betrieben.

In der Kurzstudie des Frauenministeriums wird berichtet, daß im Jahre 1984 mit Eigenkapitalhilfe gegründete Unternehmen in ihrem vierten vollen Geschäftsjahr insgesamt einen durchschnittlichen Umsatz von 446 000 DM erwirtschafteten. Die im selben Jahr von Frauen gegründeten Betriebe wiesen zu diesem Zeitpunkt einen geringeren Umsatz auf. Durchschnittlich belief er sich auf 201 000 DM. Das Umsatzwachstum bei allen Gründungen betrug im Schnitt 87 % (bezogen auf das erste Geschäftsjahr), von Frauen gegründete Unternehmen konnten jedoch lediglich auf ein Umsatzwachstum von 29 % verweisen.[41]

Ein weiterer Unterschied zwischen Frauen- und Männer-Projekten zeigt sich in der beruflichen Qualifikation von Selbständigen. Nach Mikrozensus 1991 ist die Ausbildung von Männern im Schnitt deutlich besser. Ca. 27 % der untersuchten selbständigen Frauen hatten keinen qualifizierten Abschluß. Bei Männern belief sich dieser Anteil auf ca. 18 %. Während rund 28 % der Männer eine Fach- bzw. Fachhochschule besucht hatten, konnten in diesem Punkt nur 13 % der Frauen mithalten. Hier zeigen sich Lücken, die durch systematische Weiterbildung geschlossen werden sollten.

Die Einkommensunterschiede zwischen männlichen und weiblichen Selbständigen können natürlich auch daher resultieren, daß Frauen eine Existenzgründung oft so »nebenher« in Angriff nehmen: Die Kinder werden größer, die Arbeitsbelastung durch Familie und Haushalt sinkt, und viele wollten schon immer mal ihr eigenes »Ding« machen.

Männer, die – ebenso wie Frauen – oft in ihrer traditionellen Rolle, nämlich als Ernährer der Familie, verfangen sind, gehen meist systematischer an eine Existenzgründung heran: Auch in der Gründungsphase muß der Lebensunterhalt gesichert sein, und die selbständige Existenz muß so aufgebaut werden, daß sie der Familie ein gutes Leben sichert. Eventuell sind Hypotheken für das Haus noch abzuzahlen, und statt

[41] Vgl. BMFJ: Förderung der beruflichen Selbständigkeit von Frauen, a.a.O.; Schill, Rüdiger: Erfolgsaussichten von Frauengründungen, in: Gründungs- und Erfahrungsmanagement Frauen-Gründungen, Veranstaltungsprotokoll, herausgegeben vom Betriebswirtschaftlichen Institut für Empirische Gründungs- und Organisationsforschung e.V., Dortmund 1992

der gesetzlichen Rentenversicherung müssen nun private Lebensversicherungen zur Finanzierung des Lebensabends unterhalten werden. Männer lassen sich von diesen Belastungen oft stärker beeinflussen als Frauen, die häufig auch durch die laufende Berufstätigkeit ihres Mannes das Familieneinkommen gesichert wissen. Das Experimentieren fällt dann natürlich leichter.

Man sollte die Folgen eines Fehlschlages aber nie unterschätzen. Auch eine »nebenher« vollzogene Existenzgründung kann bei falscher oder unzureichender Finanzplanung große Kosten verursachen.

Eine gute Planung des Finanzbedarf und eine durchdachte Kapitalstruktur sind immer notwendig – erst recht natürlich, wenn Sie Ihren Betrieb nicht nur als Hobby nebenbei betreiben wollen.

Wie Sie Ihren Kapitalbedarf errechnen

Die korrekte Ermittlung Ihres Finanzbedarfs ist einer der wichtigsten Punkte Ihrer Unternehmensplanung. Hiervon hängt unter Umständen das Gelingen oder der Mißerfolg Ihres Unternehmens ab.

Um eine gute Grundlage für Ihren Betrieb zu schaffen, müssen Sie zunächst Ihren Kapitalbedarf ermitteln. Nicht nur die Gründung selber kostet Geld, sondern Sie müssen nach der Gründung ja auch die laufenden Kosten (Betriebsmittel) finanzieren. Dazu kommen Ihre notwendigen Investitionen, und bei allem müssen Sie berücksichtigen, daß die Frist bis zu den ersten Zahlungseingängen überbrückt werden muß.

Versuchen Sie, durch strukturiertes Vorgehen Ihren Kapitalbedarf zu ermitteln. Das könnte etwa folgendermaßen aussehen:

Ich brauche

Für langfristige Investitionen folgendes Kapital:
Grund und Boden .... DM
Gebäude .... DM
eventueller Umbau .... DM
Maschinen und Geräte .... DM
Einrichtungen .... DM
Fuhrpark .... DM
Kauf eines Betriebes......................... DM
Konzessions-, Franchise-Kosten .... DM
finanzielles Polster für Unvorhergesehenes...... DM
_____
gesamt .... DM

Mit diesem ersten Schritt haben Sie die Kosten der langfristigen Investitionen überschlagen.

Neben diesen langfristigen Investitionen müssen Sie jedoch auch kurzfristige Investitionen tätigen. Hier stellen Sie den Kapitalbedarf folgendermaßen fest:

Für kurzfristige Investitionen:
Material- und Warenlager .... DM
Mietkaution, Mietvorauszahlung .... DM
_____
gesamt .... DM

Nach der Ermittlung der langfristigen und kurzfristigen Investitionen wissen Sie, was Sie Ihr Betrieb bis zur Eröffnung kostet. Die Kosten für die Gründung selbst und die sogenannten laufenden Kosten sind hier noch nicht berücksichtigt.

Die laufenden Kosten, die man Betriebsmittel nennt, können Sie auf folgende Art und Weise ermitteln:

Für die laufenden Kosten

Miete . . . . DM
Strom . . . . DM
Wasser . . . . DM
Weitere Energieträger . . . . DM
Zinsen/Tilgung . . . . DM
Gebühren/Beiträge . . . . DM
Versicherungen . . . . DM
Steuern . . . . DM
laufende Fahrzeugkosten (Benzin/Reparaturen) DM
PR/Werbung/Verkaufsförderung . . . . DM
Personalkosten (Lohn/Gehalt/Sozialversicherung,
pauschale Lohnsteuer bei Aushilfen etc.) . . . . DM
                                            _____
gesamt . . . . DM

Schätzen Sie Ihre laufenden Kosten realistisch ein. Bis die ersten Zahlungen Ihrer Kunden eingehen, vergeht unter Umständen einige Zeit, die für Sie nicht zur Durststrecke werden soll. Schaffen Sie sich ein finanzielles Polster, das Ihnen in der Anfangsphase das Überleben sichert.

Nach all den Anstrengungen, die Sie bis zur Gründung unternommen haben, wäre es schade, das neue Projekt wegen einer Fehleinschätzung des Finanzierungsbedarfs bis zum ersten Zahlungseingang bzw. in der Anlaufphase scheitern zu lassen.

Lang- und kurzfristige Investitionen und Ihre laufenden Kosten haben Sie jetzt schon erfaßt. Aber auch die Gründung selber kostet Geld. Folgenden Finanzbedarf können Sie als Gründungskosten einplanen:

Für die Gründung:
Anmeldungen und Genehmigungen . . . . DM
Handelsregistereintragung . . . . DM
Notargebühren . . . . DM
Beratungen (Existenzgründungsberatung,
Marketingberatung, Rechtsanwalt,
Steuerberater) . . . . DM

gesamt . . . . DM

Jetzt haben Sie fast alle Kosten für Ihr Unternehmensprojekt und seine Anlaufphase ermittelt. Es fehlt nur noch ein Betrag für die Kosten Ihrer privaten Lebensführung.

Es reicht nicht, das neue Unternehmen finanziell sicherzustellen, Sie müssen auch an sich selber denken. Listen Sie also auch Ihre privaten Kosten, die in den Monaten der Anlaufphase entstehen, auf, und zählen Sie sie zu den Kosten für Investitionen, Betriebsmittel und Gründung hinzu. Bei diesen Kosten der privaten Lebensführung spricht man auch von Privatentnahmen.

Kalkulieren Sie Ihre Privatentnahmen nicht zu niedrig. Es kann für Sie recht unangenehme Folgen haben, wenn Sie die Privatentnahmen wegen eines sehr knappen Finanzierungsgerüstes zu gering ansetzen. Plötzlich geht die Waschmaschine kaputt, Ihre Tochter braucht dringend Nachhilfeunterricht, und die

Schlußrechnung vom Hausbau, die Sie vergessen hatten, flattert auch noch ins Haus. Das sind Kosten, die in der Regel dann sehr teuer nachfinanziert werden müssen. Die zusätzlichen Zinsen und Tilgungsraten zerren nicht nur an Ihren Nerven, sondern können das gesamte Gründungsvorhaben gefährden.

Haben Sie alle Kosten ermittelt, so sieht Ihr Kapital- oder Finanzbedarf folgendermaßen aus:

Gesamtkosten für langfristige Investitionen . . . . . DM
Gesamtkosten der kurzfristigen Investitionen. . . . DM
Gesamtkosten der Betriebsmittel . . . . DM
Gesamtgründungskosten . . . . DM
Kosten der privaten Lebensführung. . . . . DM

gesamter Kapitalbedarf . . . . DM

Nun haben Sie alles komplett und kennen den gesamten Kapitalbedarf, den Sie zu finanzieren haben.

Überlegen Sie sorgfältig, ob Sie an dem einen oder anderen Punkt noch sparen können, ob Sie eventuell in der Anlaufphase auf ein neues Auto verzichten können und Ihnen ein Gebrauchtwagen reicht? Vielleicht können Sie gebrauchte Büroeinrichtungen übernehmen? Oder Sie begnügen sich erst einmal mit geringfügig Beschäftigten (sogenannten Aushilfen), die Ihnen zur Hand gehen können, und verschieben Festanstellungen auf später.

Wenn Sie nach eventuellen Sparmöglichkeiten forschen, dürfen Sie Ihren Kapitalbedarf aber nicht zu gering einschätzen. Sparen heißt nicht unterbewerten. Bei der Erstellung eines solchen Planes können Sie sich natürlich helfen lassen. Sowohl Ihr Existenzgründungsberater als auch Ihr Steuerberater können hier gute Dienste leisten. Sie haben eine realistische Einschätzung bei der Ermittlung des Bedarfs an finanziellen Mitteln, da sie aus ihrem Wissen und einem reichen Erfahrungsschatz schöpfen können.

Sparen Sie auf keinen Fall an den Beratungskosten. Sie machen sich letztendlich für Sie doppelt bezahlt. Schöpfen Sie zudem die Angebote der finanziellen Förderungen von Existenzgründungsberatungen aus, die im Kapitel über Fördermöglichkeiten genannt sind. Es gibt viele Möglichkeiten, sich kostenlos oder für ein geringfügiges Entgelt beraten zu lassen. Oft genügt ein Anruf bei Ihrer zuständigen Kammer, um einen für Sie passenden Ansprechpartner zu finden. Auch der Einzelhandelsverband und Ihre Bank oder Sparkasse können Ihnen Informationen geben.

Wie Sie sich die finanziellen Mittel beschaffen

Wenn Sie Ihren Finanzierungsbedarf, so wie im vorherigen Kapitel erläutert, errechnet haben, wissen Sie, was Sie an finanziellen Mitteln aufbringen müssen. Erstellen Sie jetzt ein Finanzierungskonzept. Mit einem solchen Plan legen Sie schriftlich Ihren Finanzierungsbedarf nieder und geben an, mit welchen Mitteln Sie diesen Finanzierungsbedarf decken wollen.

Es gibt nur drei Quellen, aus denen finanzielle Mittel für Ihr geplantes Unternehmen kommen können:

1. Eigenkapital
2. Fremdkapital
3. Öffentliche Fördermittel

Eigenkapital

Eigenkapital nennt man das, was Sie quasi aus eigener Tasche in Ihr Unternehmen stecken. Je mehr Eigenkapital in die eigene Firma fließt, desto stärker ist Ihre finanzielle Basis, desto dicker ist das finanzielle Polster, das Sie gerade in der Anlaufphase dringend brauchen.

Ihr Kreditgeber (in der Regel Ihre Hausbank) ist sehr froh, wenn Ihre Eigenkapitalbasis möglichst breit ist. Das gibt ihm die Sicherheit, daß Sie – auch um Ihr eigenes Geld nicht zu verlieren – für einen Geschäftsverlauf sorgen, der die Kapitalanlage relativ sicher macht.

Gleichzeitig sind Sie mit einer guten Eigenkapitalbasis unabhängiger von Ihrem Kreditgeber. Diese Unabhängigkeit bezieht sich auch auf die Entscheidungen, die Sie in Ihrem Unternehmen fällen. Denn: Je höher der Fremdkapitalanteil, desto mehr müssen Sie sich in Ihr Unternehmen hineinreden lassen. Als Eigenkapital bezeichnet man nicht nur das Geld, das Sie in Ihre Firma einbringen, sondern auch Werte wie beispielsweise Immobilien und Fahrzeuge.

Je mehr Eigenkapital Sie einbringen, desto höher ist Ihre Kreditwürdigkeit. Stellen Sie sich einmal vor, Sie gingen zur Bank mit dem Anspruch: »Ich brauche 500 000 DM für meine Existenzgründung, Eigenkapital habe ich keins!«

Würden Sie sich, gesetzt den Fall, Sie wären ein Mitarbeiter dieser Bank, den gewünschten Kredit geben? Die Antwort liegt wohl auf der Hand.

Je mehr Eigenkapital Sie mitbringen, desto geringer sind auch Ihre Zinskosten, die zu einer dauernden finanziellen Belastung werden, und desto größer ist Ihr finanzielles Durchhaltevermögen – vor allem in der schwierigen Anlaufphase.

Fremdkapital

Als Fremdkapital wird das Kapital bezeichnet, das einem von Dritten überlassen wird. Mit Fremdkapital wird die Finanzierungslücke geschlossen, die sich auftut, wenn Sie Ihr Eigenkapital vom Finanzierungsbedarf abziehen. Hier bleiben öffentliche Fördermittel erst einmal unberücksichtigt.

Fremdkapital erhalten Sie jedoch nicht ohne weiteres. Sie müssen hierfür Sicherheiten vorweisen, wie zum Beispiel Grundbesitz, Wertpapiere oder Bürgschaften. Für Fremdkapital müssen Sie Zinsen zahlen. Das heißt jedoch nicht, daß Sie auf Fremdkapital verzichten sollen. Im Gegenteil: Ohne Fremdkapital läßt sich kaum eine Existenzgründung finanzieren. Auch könnte es aus steuerlichen oder förderungstechnischen Gründen günstiger sein, auf Fremdkapital zurückzugreifen, anstatt alle Finanzmittel selbst einzubringen.

Schätzen Sie den Anteil an Fremdkapital nicht zu niedrig ein. Die Bilanz Ihrer Finanzierung muß ausgeglichen sein. Das heißt: Für jede Mark, die Ihr Kapitalbedarfsplan ausweist, muß in Ihrem Finanzierungskonzept die Quelle, aus der diese Mark kommen soll, nachgewiesen werden.

Bereiten Sie sich gut auf das Gespräch mit den Banken vor. Holen Sie sich vorher alle Informationen, die Sie bekommen können. Zahlreiche Informationsquellen finden Sie im Anhang. Mit diesem Rüstzeug sollte

Sie dann der erste Weg zur Fremdmittelbeschaffung zu Ihrer Hausbank führen. Wenn Sie bisher gute Erfahrungen mit Ihrer Hausbank gemacht haben, sollten Sie ihr jetzt auch erst mal die Präferenz geben. Das heißt aber nicht, daß Sie Konzessionen hinsichtlich der Bankbedingungen machen sollten. Bleiben Sie hier knallhart. Holen Sie sich von anderen Banken auf jeden Fall Angebote zum Vergleich ein. Vergessen Sie nicht: Es gibt keine Preisbindung für Kapital. Auch wenn es den Geruch des Besonderen hat: Das Bankgeschäft ist ein Geschäft wie andere auch.

Also: Vertrauen Sie ruhig auf Ihr Verhandlungsgeschick. Je besser Sie sich auf Ihr Gespräch mit den Banken vorbereiten und je selbstbewußter Sie auftreten, desto leichter wird es Ihnen fallen, das eine oder andere 1/4-Prozent auszuhandeln. So können Sie Ihre späteren monatlichen Zinszahlungen niedriger halten.

Auch die Banken sind zufrieden, wenn sie es mit kompetenten Gesprächspartnern zu tun haben. Es ist doch ganz natürlich, daß Banken ihr Geld lieber einer engagierten und informierten Firmengründerin anvertrauen als einem schüchternen Primelchen, das in Bittstellerpose und ohne blassen Schimmer von Bankgeschäft und Förderprogrammen um finanzielle Hilfestellung bittet.

Die Haltung und Informiertheit einer Gründerin läßt auf den zukünftigen Geschäftsverlauf schließen. Und: Je erfolgreicher Sie mit Ihrer Firma sind, desto mehr profitieren auch die Banken von der Geschäftsbeziehung mit Ihnen und desto weniger müssen sie um die Rückzahlung ihres Geldes bangen.

Warum soll die Bank Ihnen einen Kredit geben?

Das Gespräch mit den Banken ist für viele Existenzgründerinnen einer der ersten und unangenehmsten
Stolpersteine. Gerade deshalb muß es sorgfältig vorbereitet werden. Versetzen Sie sich in die Lage Ihrer
Hausbank: Warum soll die Bank Ihnen einen Kredit
geben? Versuchen Sie einmal hierzu einige Argumen-
te aufzulisten.

Sie werden sehen, dies ist kein leichtes Unterfan-
gen. Prinzipiell läßt sich sagen, daß die Banken an solchen Existenzgründerinnen interessiert sind, die nicht
nur ihre Kredite zurückzahlen, sondern auch eine dau-
erhafte Geschäftsbeziehung begründen – und die Sicherheiten bieten!

Haben Sie nur ungenügende Sicherheiten, dann ist
ein strukturiertes und überzeugendes Vorgehen um so
wichtiger. Daraus ergibt sich, daß nur dann ein spezi-
fisches Interesse an der Förderung Ihres Gründungsvorhabens besteht, wenn Ihr Konzept, Ihre persönliche Wirkung und Ihre Fähigkeit, Ideen möglichst
glaubhaft zu präsentieren, den Bankvertretern die
Möglichkeit plausibel in Aussicht stellen, nicht mo-
natlich um die Rate zittern zu müssen.

Untermauern Sie die Ernsthaftigkeit Ihres Gründungsvorhabens deshalb immer mit einem Rentabilitätsplan.

Vor dem Hintergrund, daß 40 % aller Existenzgründungen bereits in den ersten zwei Jahren fehlschla-
gen, ist es verständlich, daß Banken nur Kredite an solche Gründerinnen zu geben bereit sind, die ein solides Konzept unterbreiten.

Hierzu gehören u. a.

- eine hervorragende Geschäftsidee,
- eine Branche, die einen Wachstumstrend aufweist,
- ein wasserdichtes Betriebskonzept,
- und ein sauberer Finanzierungsplan (bei dessen Aufstellung Ihnen natürlich die Banken gerne helfen).

Versuchen Sie, sich vor Ihrem Gespräch auch schon möglichst umfassend über Förderungsmöglichkeiten zu informieren.

Bedenken Sie, daß Banken nicht unbedingt ein großes Interesse an der Weitergabe von Fördermitteln oder Informationen über Förderprogramme haben müssen. Seriöse Banken werden Ihnen natürlich jederzeit über sämtliche Förderungsprogramme Informationen geben. Trotzdem sollten Sie in der Lage sein, gezielt nachzufragen. Für die Vermittlung von ERP-Existenzgründungsdarlehen beispielsweise erhalten die Banken 1 % der Darlehenssumme. Der Vermittlungssatz für die Weitergabe von Mitteln aus dem für Existenzgründerinnen äußerst hilfreichen und lukrativen Eigenkapitalhilfeprogramm ist deutlich geringer.

Denken Sie bei Ihrem Gespräch mit den Banken auch daran: Ein Angebot ist ein Angebot und weiter nichts. Das Angebot ist eine Grundlage für weitergehende Verhandlungen.

Häufig lassen sich durch hartnäckiges Feilschen und Diskutieren durchaus noch bessere Konditionen erzielen. Je besser Sie informiert sind, desto größer wird Ihr Verhandlungsspielraum sein. Können Sie zum Beispiel Sondertilgungen in Anspruch nehmen? Wie lange kann zu Beginn die Tilgung ausgesetzt werden? Wie groß sind Ihre Spielräume bei unvorhergesehenen Einbrüchen im Geschäftsverlauf?

Beobachten Sie sorgfältig, wie sich der Bankvertreter Ihnen gegenüber gebärdet. Bietet er Ihnen von vornherein bankeigene Kreditprogramme zur Finanzierung an, oder ist er bereit, Sie über sämtliche Förderungsmöglichkeiten von der kommunalen Ebene bis hin zur Europa-Ebene zu informieren?

Holen Sie sich Angebote mehrerer Banken ein, und sammeln Sie Erfahrungen im Gespräch mit den Banken!

Sind Sie verheiratet, so sollten Sie nicht unbedingt Ihren Ehemann zu diesen Gesprächen mitnehmen. Anders als bei Ihren männlichen Mitbewerbern, wird bei Frauen die Begleitung durch den Ehepartner häufig als Unselbständigkeit ausgelegt. Nehmen Sie lieber eine/n Steuerberater/in oder Unternehmensberater/in mit zu diesem Gespräch, das zeigt den Banken, wie konkret und ernsthaft Ihnen die Geschäftsgründung ist und wie gründlich Sie von Anfang an vorgehen.

Kreditwürdigkeit und Kapitalstruktur

Kreditgeber sind an der Vergabe von Krediten interessiert, weil es ihr ureigenstes Geschäft und eine Grundlage für ihr Einkommen ist. Trotzdem erhält keine Existenzgründerin (und auch kein Existenzgründer) so ohne weiteres Fremdkapital für das Gründungsvorhaben. Ein Kreditgeber kann nur an solchen Anlagen interessiert sein, die ihm die Zahlung monatlicher Zinsen und die Rückzahlung des geliehenen Betrags sicher erscheinen lassen.

Zur Überprüfung seiner Risiken hat ein Kreditgeber eine Reihe von Instrumenten zur Hand. Ihre Anwendung schaltet natürlich das Risiko, verliehenes Geld zu verlieren, nicht ganz aus. Eine sorgfältige Kreditwürdigkeitsprüfung und eine Überprüfung der Kapitalstruktur sind aber zumindest dazu geeignet, Risikofälle auszugrenzen und Gefahren zu minimieren.

Kreditwürdigkeitsprüfung

Egal, wer Ihnen einen Kredit vermittelt und aus welchem Topf dieser Kredit getragen wird, jedesmal wird eine Kreditwürdigkeitsanalyse durchgeführt. Sie bedeutet, daß die persönlichen und wirtschaftlichen Verhältnisse eines potentiellen Kreditnehmers zur Abschätzung des mit einer Kreditvergabe verbundenen Risikos durchleuchtet werden.

Das Ergebnis der Kreditwürdigkeitsanalyse dient dann als Entscheidungsgrundlage für die Gewährung von Krediten.[42]

Bei einer Kreditwürdigkeitsprüfung werden zum einen allgemeine Faktoren berücksichtigt und zum anderen spezielle Faktoren.

Zu den allgemeinen Faktoren gehören:

- die Prüfung der Vertrauenswürdigkeit,
- die Analyse der rechtlichen Verhältnisse und
- die Analyse der allgemeinen wirtschaftlichen Verhältnisse.

Vertrauenswürdigkeit heißt dabei, daß persönliche und fachliche Aspekte, das bisherige Zahlungsverhalten, die fachliche Qualifikation und die berufliche

[42] Vgl. hierzu Gabler Wirtschaftslexikon, a. a. O.

Leistung, aber auch die Lebensgewohnheiten und die persönliche Zuverlässigkeit der Kreditnehmerin untersucht werden.[43] Bei der Prüfung der rechtlichen Verhältnisse werden die Kreditfähigkeit festgestellt und sonstige rechtlich relevante Daten wie die Rechtsform des geplanten Unternehmens und die gesellschaftervertragsabhängigen Aspekte untersucht.[44]

Zur Vertrauenswürdigkeit zählt auch die Analyse der allgemeinen wirtschaftlichen Verhältnisse, in denen sich die Existenzgründerin befindet, außerdem werden mögliche Einflußgrößen, also etwa Entwicklung der Wirtschaft und auch der gewählten Branche, eingeschätzt.[45]

Zu den speziellen Faktoren zählen die Vermögenslage, die Erfolgslage und die finanzielle Lage (Liquidität des Kreditnachfragers).[46]

Bei der Vermögenslage wird untersucht, inwieweit bei einer Neugründung Kredite durch Vermögen abgesichert werden können. Später wird es bei der Analyse der Vermögenslage auch um Bewertungsfragen, um Aufdeckung stiller Reserven, um Kapitalstruktur (das Verhältnis von Eigen- zu Fremdkapital) und deren Entwicklung und die Ausweisung betriebsnotwendigen Vermögens gehen. Zu Beginn eines Vorhabens wird aber in der Regel analysiert, welche Eigenmittel eingebracht und wie Kredite durch Vermögensgegenstände abgesichert werden können.

Zu den speziellen Faktoren zählt auch die Erfolgslage, die unter dem Gesichtspunkt untersucht wird, ob Kreditverzinsung und Tilgung termingerecht von

---

[43] Ebd.
[44] Ebd.
[45] Ebd.
[46] Vgl. hierzu und zum Folgenden: ebd.

der Existenzgründerin geleistet werden können. Hier wird also der erzielbare Betriebserfolg analysiert. Dazu werden beispielsweise die Kostenstruktur ermittelt und die zukünftige Ertragsentwicklung geschätzt.

Die Analyse der finanziellen Lage schließlich gibt Aufschluß darüber, ob die ordentlichen Einnahmen der Kreditnachfragerin termingerechte Zinsen- und Tilgungszahlungen zulassen. Hierbei werden auch die Einflüsse von Saisonschwankungen ermittelt und Verbindlichkeiten nach Fälligkeitsterminen aufgelistet und den Umlaufwerten gegenübergestellt.

Dem Kreditgeber stehen einige Instrumente zur Verfügung, um die geforderten Daten einzuholen.[47] Zum einen holen sich die Kreditgeber Auskünfte bei Lieferanten und Auskunfteien. Fast jeder hat schon einmal das Wort Schufa-Auskunft gehört. Kredite werden an die Schufa gemeldet, und von Kreditgebern wird abgefragt, inwieweit Kredite bei anderen Instituten bestehen. Wer jemals in seinem Leben einen Offenbarungseid geleistet hat, gilt in der Regel als nicht mehr kreditwürdig. Im Kreditstatus werden Verbindlichkeiten und Vermögen gegenübergestellt. Dies dient der Aufdeckung von stillen Reserven.

Und schließlich dient auch die Analyse des Jahresabschlusses, der nach dem ersten Geschäftsjahr erstellt werden muß und dann jährlich wieder, den Kreditgebern als Instrument der Überprüfung der Kreditwürdigkeit. Der Kreditgeber ermittelt anhand von Kennzahlen und der Entwicklung dieser Kennzahlen aus mehreren Jahresabschlüssen Werte, die ihm Auf-

---

[47] Vgl. hierzu und zum Folgenden: ebd.

schluß über die Erfolgs, Vermögens- und Liquiditätslage der Kreditnehmerin geben.

Die Analyse der Finanzpläne vervollständigt den Kanon herkömmlicher Instrumente zur Kreditwürdigkeitsanalyse. Der Finanzplan einer Unternehmung gibt dem Kreditgeber Einblick in die Liquiditätsentwicklung der Kreditnehmerin. Diese Finanzpläne sind jedoch von zahlreichen Unwägbarkeiten bestimmt, so daß ihre leichte Manipulierbarkeit von den Kreditgebern durchaus berücksichtigt wird.

Neben diesen herkömmlichen Instrumenten verfügen Kreditgeber häufig über zusätzliche, institutseigene Analyseinstrumente zur Prüfung ihrer Kreditrisiken. Solche Analysen machen deutlich, daß Kredite nicht so ganz einfach aus dem Ärmel geschüttelt werden. Um so wichtiger ist es für eine Existenzgründerin und Kreditnehmerin, von vornherein mit einem wasserdichten Finanzierungsplan auf den Kreditgeber zuzugehen. Je klarer das eigene Konzept ist, desto weniger werden vermeidbare Rückfragen den Glauben des Kreditgebers über die Ernsthaftigkeit und Glaubwürdigkeit des Projektes trüben.

Was die Kapitalstruktur aussagt

Zur Abschätzung ihres Finanzierungsrisikos nutzen die Banken Kennzahlen, die sie aus der Zusammensetzung und Art Ihres Firmenkapitals ermitteln, man spricht auch von der Kapitalstruktur.

Das heißt, die Banken ermitteln, wie die einzelnen Teile des Kapitals zueinander stehen. So gibt zum Beispiel das Verhältnis Ihres Eigenkapitals zu Ihrem Gesamtkapital den Grad der Eigenfinanzierung an. Also:

Grad der Eigenfinanzierung (Eigenkapitalanteil)

$$= \frac{\text{Eigenkapital}}{\text{Gesamtkapital}}$$

Eine andere Meßgröße, derer sich die Banken zur Abschätzung ihres Finanzierungsrisikos bedienen, ist der Verschuldungsgrad. Er gibt das Verhältnis zwischen Eigenkapital und Fremdkapital an. Also:

$$\text{Verschuldungsgrad} = \frac{\text{Eigenkapital}}{\text{Fremdkapital}}$$

Für ihre Bilanzanalysen nutzen die Kreditgeber auch die Ermittlung des Anspannungsgrades, damit bezeichnet man den Grad der Fremdfinanzierung:

$$\text{Grad der Fremdfinanzierung} = \frac{\text{Fremdkapital}}{\text{Gesamtkapital}}$$

Zusätzlich hilft den Banken bei der Kapitalstrukturanalyse die Ermittlung des Grades der langfristigen Finanzierung:

Grad der langfristigen Finanzierung

$$= \frac{\text{Eigenkapital + langfristiges Fremdkapital}}{\text{Gesamtkapital}}$$

Mit diesen Kennzahlen gewinnen die Kreditgeber Informationen über die Quellen und die Zusammensetzung des von ihnen bewerteten Kapitals. Sie ermitteln daraus ihre Finanzierungsrisiken. Es gibt jedoch kein optimal zu nennendes Verhältnis zwischen Eigenkapital und Fremdkapital. Deshalb berücksichtigen die Kreditgeber bei der Bewertung der Kennzahlen zusätzlich die situative Bedingung des Projekts. Sie schätzen auch die Wachstumschancen ab und vergleichen ihre Kennzahlen mit denen anderer Betriebe der gleichen Branche. Zusätzlich ermitteln sie das Verhältnis verschiedener Kennzahlen zueinander, beispielsweise das Verhältnis der Liquidität zur Rentabilität.[48]

Neben der Finanzierungsanalyse, die sich nur auf einen einzigen Stichtag beziehen kann, ermitteln die Kreditgeber Kennzahlen aus dem Verhältnis der Vermögens- zur Kapitalseite. Dies nennt man eine Liquiditätsanalyse. Damit können kurz-, mittel- und langfristige Liquiditätskennzahlen ermittelt werden. Zu den mittel- und langfristigen Liquiditätskennzahlen gehört die Kennzahl zur Anlageabdeckung durch Eigenkapital, die auch als goldene Bilanzregel im engeren Sinne gilt. Diese goldene Bilanzregel ist eine der ältesten Kontrollregeln. Sie besagt, daß das Anlagevermögen grundsätzlich durch langfristiges Eigenkapital gedeckt sein sollte. Also:

$$\text{Anlagedeckung durch Eigenkapital} = \frac{\text{Eigenkapital}}{\text{Anlagevermögen}}$$

Der ermittelte Koeffizient soll mindestens 1 sein.

Zahlreiche weitere Liquiditätskennzahlen helfen den Kreditgebern bei der Einschätzung der Liquiditätslage des bewerteten Unternehmens. Egal wie aussagefähig diese Kennzahlen tatsächlich sind, Sie müssen sich damit auseinandersetzen, wenn Sie durch eine Bank bewertet werden. Dies ist immer der Fall, wenn Sie Fremdkapital benötigen.

Doch so kompliziert, wie sich das alles anhört, ist es gar nicht. Wenn Sie ein Finanzierungskonzept erstellt haben, geht daraus ja ganz eindeutig sowohl die Höhe

---

[48] Vgl. hierzu Hopfenbeck, Waldemar: Allgemeine Betriebswirtschafts- und Managementlehre, 4., erweiterte Auflage, Landsberg/Lech 1991, S. 834 f.

Ihres Eigenkapitals als auch die Höhe des benötigten Fremdkapitals hervor. Zudem sollten Sie sich von Anfang an einen guten Steuerberater suchen, der Ihnen sowohl bei der Ermittlung der Kennzahlen als auch bei dem Gespräch mit den Banken beratend zur Seite steht. Sie müssen ja nicht alles selber können! Wissen, wie es geht und wer fundierte Hilfestellung geben könnte, ist schon ein Meilenstein auf dem Weg in die Selbständigkeit. Dann können Sie sich getrost von den Arbeitsteilen entlasten, die nicht zu Ihrem Kerngeschäft gehören und haben den Kopf frei für Ihre Unternehmensideen.

Viele stürzen sich bei ihrer Betriebsgründung jedoch so in ihre Arbeit hinein, daß sie den »Papierkram« erst einmal liegen lassen. Dies kann unter Umständen böse Folgen haben. Übersehene Rechnungen, verpaßte Steuertermine und unbeantwortete Anfragen Ihrer Bank erledigen sich nicht durch Liegenlassen. Sie wirken wie ein Bumerang, der einen böse treffen kann, wenn er zurückkommt. Sorgen Sie also dafür, daß hier Ordnung herrscht.

Was Sie nicht selber machen wollen, übergeben Sie Ihrem Steuerberater, der für eine reibungslose Abwicklung Sorge trägt und oft auch die bessere Verbindung zu Banken und Finanzämtern hat.

Öffentliche Fördermittel

Es gibt eine Vielzahl öffentlicher Förderprogramme. Man kann sogar sagen, daß es kaum etwas gibt, das nicht öffentlich gefördert wird.

Nicht nur im Bereich der Förderung von Investitionen bei bereits bestehenden Unternehmen helfen öffentliche Träger, auch bei Existenzgründungen stehen sie mit Rat, Tat und Geld zur Seite. Je schlüssiger Ihr Gründungskonzept ist, desto größer sind die Chancen, von diesen öffentlichen Hilfestellungen zu profitieren.

Es gibt Fördermöglichkeiten auf kommunaler, auf Landes- und Bundesebene. Auch die Europäische Union beteiligt sich mit zahlreichen Programmen an der Förderung von Unternehmensinvestitionen. Den Dschungel öffentlicher Förderprogramme kann man als einzelne kaum noch durchschauen. Hier helfen die Kammern, die kommunalen Wirtschaftsförderungsgesellschaften und auch die Banken.

Viele dieser Institutionen arbeiten mit einem Computerprogramm, das alle Fördermöglichkeiten enthält. Je nach geplantem Vorhaben errechnet dieses Programm die optimale Förderung durch öffentliche Mittel. Sprechen Sie Ihre Berater, sei es bei der Kammer, bei der Wirtschaftsberatung oder bei der Bank, darauf an, ob diese über ein solches Programm verfügen. Mit ihm kann der für Sie günstigste Pfad durch den Dschungel gefunden werden.

Fördermöglichkeiten sind zwar ein fester Bestandteil des Wirtschaftssystems und daraus kaum noch wegzudenken. Je nach politischer Interessenlage und Zielrichtung wird aber mal das eine und mal das andere Programm in den Konditionen verändert, vom Markt genommen oder neu aufgelegt. So konnte zum Beispiel das Eigenkapitalhilfeprogramm – ein sehr wichtiges Finanzierungsprogramm für Existenzgründer – einige Zeit nur für Gründungen in den neuen Bundesländern in Anspruch genommen werden. Seit Anfang 1995 gilt es auch wieder für die alten Bundesländer.

Viele Förderprogramme bestehen also nicht laufend

oder sind nur räumlich oder zeitlich begrenzt zu nutzen. So ist es wichtig, sich zu informieren, womit man zur Gründungszeit und am Gründungsort rechnen kann.

Wirtschaftliche Förderung in den neuen Bundesländern

Die wirtschaftliche Förderung für die neuen Bundesländer wird von der Bundesrepublik weiterhin vorangetrieben, da die wirtschaftliche und soziale Integration der neuen Bundesländer hohe Priorität genießt.[49]

Die nachfolgend aufgelisteten Förderprogramme sind für Existenzgründungen in den neuen Bundesländern grundsätzlich möglich:

- Investitionszulage
- Sonderabschreibung
- Eigenkapitalhilfe (EKH)
- ERP-Kredite (Kredite aus dem European Recovery Programm)
- Kredite der Kreditanstalt für Wiederaufbau (KfW)
- Existenzgründungsprogramme der Deutschen Ausgleichsbank (DtA)
- Bürgschaften
- Unternehmensberatung für kleine und mittlere Unternehmen (KMU)
- Informations- und Schulungsveranstaltungen
- Seniorenexpertenprogramm
- Unternehmensführungslehrgänge
- berufliche Qualifizierung
- arbeitsmarktpolitische Hilfen

---

[49] Vgl. hierzu: Bundesministerium für Wirtschaft (BMWi): Wirtschaftliche Förderung in den neuen Bundesländern, Stand Januar 1995, S. 7

- Kapitalanlagegarantien

Zusätzlich kommen unter bestimmten Voraussetzungen noch folgende Programme zur Förderung von Existenzgründungen hinzu:

- GA-Förderung (Gemeinschaftsaufgabe »Verbesserung der regionalen Wirtschaftsstruktur«)
- Textilprogramm
- Förderung überbetrieblicher Einrichtungen
- Innovationsförderung, Förderung Forschungspotential in KMU (BMWi)

Eine detaillierte Beschreibung dieser Förderprogramme, der Anspruchsvoraussetzung, der Begünstigten, der Konditionen, Antragswege und Ansprechpartner finden Sie in der vom Bundesministerium für Wirtschaft herausgegebenen Broschüre »Wirtschaftliche Förderung in den neuen Bundesländern«. Diese regelmäßig aktualisierte Broschüre erhalten Sie beim Bundesministerium für Wirtschaft, Referat Öffentlichkeitsarbeit, dessen Adresse im Anhang angegeben ist.

Neben wertvollen Informationen zu den einzelnen Förderprogrammen enthält der Anhang der Broschüre ein umfangreiches Adreßregister. Hier sind Ansprechpartner bei Industrie- und Handelskammer, Handwerkskammer, Wirtschaftsministerien benannt, zuständige Stellen für Anträge auf Investitionszuschuß, Wirtschaftsförderungsgesellschaften und viele weitere Auskunftsstellen und Ansprechpartner aufgelistet. Einige davon finden Sie auch im Anhang dieses Buches. Nachfolgend werden in diesem Buch auch die bedeutendsten Förderprogramme, ihre Antragsvoraussetzungen und die Anspruchsberechtigten vorgestellt.

Existenzgründerinnen sollten die Informationen der

Broschüre des Wirtschaftsministeriums, die stets den aktuellen Stand der Förderprogramme wiedergeben, auf alle Fälle nutzen. Es sind Informationen, die – vor allem in Hinblick auf ihr Gespräch mit den Banken – Vorteile bringen.

Während die Banken spezifische Interessen an Existenzgründungen haben und bei der Beratung über Förderprogramme unter Umständen schon gewisse Schwerpunkte legen, haben Sie hier eine unbewertete und gleichmäßige Übersicht über sämtliche, für Sie eventuell in Frage kommenden Programme, die Sie vielleicht auch zu neuen Ideen anregen.

Die nachfolgend aufgeführten wichtigsten Programme für Existenzgründerinnen können zum Zeitpunkt des Erscheinens dieses Buches schon wieder modifiziert worden sein. Es ist jedoch zu erwarten, daß die Grundstruktur dieser Förderprogramme noch einige Zeit aktuell bleiben wird. Nutzen Sie die Chancen, öffentliche Förderprogramme in Anspruch zu nehmen. Sie sind geschaffen worden, um *Ihnen* zu helfen!

Eigenkapitalhilfeprogramm (EKH)

Das Eigenkapitalhilfeprogramm soll die Eigenkapitalbasis bei Existenzgründungen verbessern. Die Eigenkapitalhilfe gilt als eigenkapitalersetzendes Darlehen.

Das heißt, die Eigenkapitalhilfe gilt nicht als Fremdkapital und wird von den Kreditgebern auch nicht der Fremdfinanzierung zugerechnet. Tatsächlich ist die Eigenkapitalhilfe aber ein rückzahlbares Darlehen. Die Konditionen des Eigenkapitalhilfeprogramms sind jedoch so günstig, daß Sie auf keinen Fall auf eine Inanspruchnahme dieser Mittel verzichten sollten. Sparen Sie lieber Ihr überschüssiges Eigenkapital für etwaige Engpässe und Unvorhergesehenes auf.

Die Eigenkapitalhilfe wird nach Ihrer Investitionssumme oder dem Kaufpreis bemessen, falls Sie einen Unternehmenskauf tätigen. Sie müssen mindestens 15 % der förderfähigen Kosten durch eigene Mittel vorweisen können. Dann können Sie bis zu 25 % der Bemessungsgrundlage als Darlehen erhalten. Wenn Sie nun mehr als diese notwendigen 15 % an Eigenkapital einbringen, schmälern Sie automatisch den Betrag, den Sie als Eigenkapitalhilfe bekommen können. Es gilt:

Eigenkapital + Eigenkapitalhilfe = 40 % der Investitionssumme.

Der Idealfall lautet also:

15 % Eigenkapital + 25 % Eigenkapitalhilfe = 40 % der Investitionssumme

Den Rest Ihres Finanzierungsbedarfs können Sie mit Hilfe weiterer Förderprogramme, die Sie weiter unten beschrieben finden, und Fremdkapital der Banken finanzieren.

Dies gilt auch bei der Aufstockung der Mittel durch weitere Programme.

Neben der persönlichen Haftung des Antragstellers – und gegebenenfalls des Ehepartners – sind für dieses Darlehen keine Sicherheiten erforderlich. Der Mindestbetrag der Förderung beträgt 5000 DM[51], der Höchstbetrag beträgt 700 000 DM. Die Laufzeit ist in der Regel auf bis zu 20 Jahre angelegt. Auch bei Tilgung ist man großzügig: Maximal sind 10 Jahre til-

[51] Stand: Mai 1995

Leider ist den Planern der Förderprogramme ein entscheidender Fehler passiert, so daß der Rest der zu finanzierenden Summe mehr als 60 % beträgt:

Während bei der Errechnung des Finanzierungsbedarfs die Gründungskosten und die Privatentnahmen – zumindest bis zum ersten Zahlungseingang – mitberechnet werden, weil sie entscheidend für das Überleben eines jungen Unternehmens sein können, bleiben diese bei den Finanzierungskonzepten und Förderprogrammen außer acht. Bei einigen Förderprogrammen bleiben sogar die Betriebsmittel außen vor.

Achten Sie also bei der Lektüre der Finanzierungsmodelle in den diversen – oft kostenlosen – von öffentlichen Stellen herausgegebenen Broschüren besonders aufmerksam auf die Zusammensetzung des Kapitals und die Art der Bemessungsgrundlage, also der Rechenbasis für die Förderprogramme.

Vergleichen Sie mit Hilfe Ihrer tatsächlichen Zahlen, ob die Bilanz zwischen Finanzierungsbedarf und Kapitalplan wirklich ausgeglichen ist oder ob sich eine Finanzierungslücke auftut, die Sie durch Rücklagen oder weiteres Fremdkapital ausgleichen müssen.

Die Aufstockung auf 40 % der Investitionssumme durch das Eigenkapitalprogramm bedeutet also zum Beispiel nicht, daß nun 40 % Ihres Finanzierungsbedarfs gedeckt sind.[50]

gungsfrei, danach setzt die Tilgung in 20 gleichen Halbjahresraten ein.

Die Verzinsung der Eigenkapitalhilfe ist in den ersten beiden Jahren ausgesetzt. Im dritten Jahr beträgt die Verzinsung 2 %, im vierten Jahr 3 % und im fünften Jahr 5 %, danach ist der Marktzins fällig.[52] Sie sehen, diese Konditionen sind sehr attraktiv. Sie sollten sie sich nicht entgehen lassen, wenn Sie ernsthaft an Ihrem Gründungskonzept arbeiten.

Antragsberechtigt sind alle natürlichen Personen, die sich selbständig machen wollen, aber nicht über genügend Eigenkapital verfügen. Sie dürfen nicht älter als 55 Jahre sein und müssen fachliche wie kaufmännische Qualifikationen nachweisen können.

Es ist – wie bei fast allen öffentlichen Förderungen – ein Unternehmenskonzept vorzuweisen, das auf eine tragfähige Vollexistenz hinweist. Vollexistenz bedeutet, daß es kein Nebenerwerb sein darf. Vollexistenz ist ein etwas problematischer Begriff. Eigentlich gibt es keine einschlägige und eindeutige Definition, was eine Vollexistenz ist. So geht die Industrie- und Handelskammer bei ihrer Definition von einem Gewinn von 20 0000 bis 22 000 DM aus. Das Arbeitsamt siedelt eine Vollexistenz bei 3500 DM Gewinn im Monat an. Hier ist also Spielraum für Beurteiler wie Beurteilte. Machen Sie Ihr Unternehmenskonzept wasserdicht, dann werden Sie bei der Beantragung der Fördermittel nicht in den Verdacht kommen, eine Nebenerwerbexistenz zu gründen, die nicht förderfähig ist.

Aber denken Sie auch daran: Das beste Konzept nutzt nichts, wenn Sie nicht versiert an die Sache gehen. Natürlich kann man sich die tollsten Konzepte von einem Existenzgründungsberater zurechtschneidern und -schreiben lassen, wenn man dann aber selbst nicht weiß, wie man das Konzept umzusetzen

---

[52] Am 31.5.1995 betrug der Nominalzinssatz 7,9 % p. a. lt. Schreiben der Deutschen Ausgleichsbank.

hat, dann sollte man besser die Finger davon lassen. Ein schöner Schein reicht nicht für eine tragfähige Existenz. Dazu gehört eben auch, daß Sie voll hinter der Sache stehen, sie verstehen und eine Lebensperspektive in der Selbständigkeit sehen.

Förderfähig im Rahmen des Eigenkapitalhilfeprogramms sind Existenzgründungen im Bereich der mittelständischen gewerblichen Wirtschaft und der freien Berufe bei folgenden Vorhaben:

- Gründung eines privaten Unternehmens bzw. einer freiberuflichen Existenz einschließlich der Investitionen innerhalb von 2 Jahren nach der Gründung,
- Erwerb eines Unternehmens oder einer tätigen Beteiligung einschließlich damit im Zusammenhang stehender Investitionen innerhalb von 2 Jahren nach dem Erwerb.

Anträge für das Eigenkapitalhilfeprogramm können Sie über Ihre Hausbank stellen. Diese leitet den Förderungsantrag weiter an die:

Deutsche Ausgleichsbank (DtA)
Wielandstraße 4
53170 Bonn
Telefon: 0228/831-0
Telefax: 0228/831-2225

Sie erhalten die Formulare bei allen Kreditinstituten und bei der Deutschen Ausgleichsbank selbst. Ihrem Antrag müssen Sie einen Investitionsplan, einen Kosten– und Finanzierungsplan sowie die Stellungnahme einer unabhängigen, fachlich kompetenten Stelle beifügen. Diese Stellungnahme können Sie in der Regel von den Kammern erhalten, aber auch zum Beispiel Wirtschaftsprüfer können Ihnen ein Testat erstellen.

Denken Sie bitte daran, daß Sie zum Zeitpunkt der Antragstellung mit der Durchführung des Vorhabens noch nicht begonnen haben dürfen.

Eigenkapitalhilfeprogramm-Partnerschafts-komponente

In den neuen Bundesländern gibt es noch eine zweite Variante der Eigenkapitalhilfe, die sogenannte Partnerschaftskomponente. Sie dient der Ergänzung der Beteiligung unternehmerisch kompetenter Mitgesellschafter (»Partner«) an kleineren und mittleren Unternehmen (KMU) in den neuen Ländern.[53]

Mit diesem Programm wird ein Anreiz geboten für:
- Ostunternehmer, externe Managementkompetenz in Anspruch zu nehmen,
- unternehmerisch kompetente Partner (hier gegebenenfalls auch Kapitalbeteiligungsgesellschaft), bei begrenztem eigenen Risiko Managementwissen und Risikokapital kleinen und mittleren Unternehmen in den neuen Ländern zur Verfügung zu stellen.

Es wird erwartet, daß die Wettbewerbs- und Leistungsfähigkeit des Unternehmens durch die Beteiligung des Partners nachhaltig gesteigert wird. Die Auflagen sind streng. Es wird nur dann eine Eigenkapitalhilfe-Förderung bewilligt, wenn Unternehmen trotz der Partnereinlage keine betriebswirtschaftlich angemessene Haftkapitalbasis erreichen oder erreichen können. Die Höhe des Eigenkapitalhilfe-Partnerschaftskapitals kann maximal 5 000 000 DM betragen

---

[53] Vergleiche hierzu und zum Folgenden: Bundesministerium für Wirtschaft (Hrsg.): Wirtschaftliche Förderung in den neuen Bundesländern, Bonn, Januar 1995, S. 21 f.

und ist relativ auf das 2,5fache der haftenden Partnereinlage beschränkt. Diese Partnereinlage muß mindestens 100 000 DM betragen.

Auch hier gilt, daß Anträge über das Kreditinstitut
zu stellen sind. Sie können sich jedoch auch hier direkt an die Deutsche Ausgleichsbank wenden.

Es wird vorausgesetzt, daß der Partner seine Einlage
noch nicht eingebracht hat. Die aktuellen Konditionen
können Sie bei der Deutschen Ausgleichsbank erfragen. Die Deutsche Ausgleichsbank ist auf Wunsch
außerdem bereit, bei der Vermittlung unternehmeri-
scher Partnerschaften zu helfen. Hierfür hat die Bank
eine Partnerschaftskapital-Agentur eingerichtet. Sie
ist zu finden in ihrer Niederlassung in

Berlin-Friedenau
Sarrazinstraße 11-15
Telefon: 030/85085-0

Auskünfte können Sie aber auch beim
Bundesministerium für Wirtschaft (BMWi) in Bonn,
Telefon: 0228/615-4820 oder -4706 oder -4713,
sowie in der Außenstelle Berlin BMWi erhalten.

Nutzen Sie auch die Informationsschriften, die Sie bei
der Deutschen Ausgleichsbank bestellen können und
die im Anhang benannt sind.

Ihre Eigenkapitalbasis, die sich aus Eigenkapital
und Eigenkapitalhilfe zusammensetzt, können Sie mit
einem ERP-Kredit für Existenzgründungen weiter aufstocken.

ERP-Existenzgründungsprogramm

Laut ERP-Vergabebedingungen (allgemeine Bedingung des Bundesministers für Wirtschaft für die Vergabe von ERP-Mitteln)[54] dienen die ERP-Mittel der Förderung der deutschen Wirtschaft. Es werden dafür nur solche Vorhaben berücksichtigt, die volkswirtschaftlich förderungswürdig sind, die die Wettbewerbs- und Leistungsfähigkeit der geförderten Unternehmen steigern und die einen nachhaltigen wirtschaftlichen Erfolg erwarten lassen.

ERP-Mittel sollen dann gewährt werden, wenn die Durchführung des Vorhabens ohne diese Förderung wesentlich erschwert würde. Es werden dabei auch die wirtschaftlichen Gesamtverhältnisse der Eigentümer berücksichtigt. Sanierungsfälle sind von vornherein ausgeschlossen. Antragsberechtigte sind Existenzgründer/innen im Bereich der gewerblichen Wirtschaft sowie in den neuen Bundesländern und Berlin (Ost) auch Angehörige freier Berufe mit Ausnahme der Heilberufe. Sie müssen zudem die erforderliche fachmännische und kaufmännische Qualifikation für ihre unternehmerische Tätigkeit nachweisen. Für Aussiedler gelten erleichterte Bedingungen, die ei-nem Merkblatt der Deutschen Ausgleichsbank entnommen werden können.

Sie dürfen zum Zeitpunkt der Antragstellung mit der Durchführung ihres Vorhabens noch nicht begonnen haben.

Neben dem Eigenkapitalhilfeprogramm zählt das ERP-Existenzgründungsprogramm zu den wichtigsten Programmen zur Förderung von Existenzgrün-

[54] Quelle der Bekanntmachungen des BMWi: Bundesanzeiger Nr. 16 vom 24.1.1995

dungen. Förderfähig im Rahmen des ERP-Existenz-
gründungsprogrammes ist die Errichtung oder der Erwerb eines Unternehmens einschließlich damit zu-
sammenhängender Investitionen innerhalb von 3 Jahren nach der Betriebseröffnung. Daneben wird auch
die Übernahme einer tätigen Beteiligung gefördert.

Im Rahmen dieses Programms werden bis zu 50 %
der förderfähigen Gesamtkosten als zinsgünstiges
Darlehen vergeben.

Zu den förderfähigen Gesamtkosten zählen die Investitionen einschließlich der Beschaffung eines ersten Waren- oder Materiallagers sowie einer ersten
Büroaustattung.

Der Höchstbetrag für den Kredit beträgt 1 000 000
DM.[55] Ausgezahlt werden 100 %. Für die neuen Bundesländer gilt ein Kredithöchstbetrag von 2 000 000
DM bei einem maximalen Finanzierungsanteil von
50 % der Investitionskosten.

Die Darlehenskonditionen des ERP-Darlehens zur
Förderung der Existenzgründung unterscheiden sich
in den neuen Bundesländern und Berlin vom übrigen
Bundesgebiet.

Der Zinssatz, der abhängig von der Lage am Kapitalmarkt ist, betrug zum Beispiel am 28. März 1995 in den
neuen Bundesländern 6,75 %, in Berlin (West) und im
übrigen Bundesgebiet 7,25 %. Während in den neuen
Bundesländern und Berlin die Laufzeit des ERP-Kredits
bis zu 15 Jahre beträgt, bei Bauvorhaben bis zu 20 Jahre,
ist im alten Bundesgebiet die Laufzeit auf bis zu 10 Jahren bzw. 15 Jahre für Bauvorhaben beschränkt. In den
neuen Bundesländern haben Sie maximal 5 tilgungsfreie Jahre, in den alten Bundesländern höchstens 3.

[55] Stand: Mai 1995

Der Höchstbetrag in den alten Bundesländern liegt bei 1 000 000 DM, in den neuen Bundesländern und Berlin ist er mit 2 000 000 DM doppelt so hoch.

Sie können Anträge für dieses ERP-Existenzgründungsprogramm bei jedem Kreditinstitut stellen. Vergeben werden die Darlehen von der Deutschen Ausgleichsbank in Bonn.

Mit dem Eigenkapitalhilfeprogramm und dem ERP-Existenzgründungsprogramm haben Sie schon zwei wichtige Bausteine für Ihren Finanzierungsplan kennengelernt. Der könnte jetzt – ohne Berücksichtigung noch weiterer möglicher Förderprogramme – etwa wie folgt aussehen:

Finanzierungsbeispiel
Projekt: Existenzgründungsvorhaben
Hotel/Gaststätte

Errechnung des Finanzierungsbedarfs:
1. Langfristige Investitionen:

Grundstückskosten	200 000 DM
Gebäudekosten	500 000 DM
Einrichtungen/Maschinen	160 000 DM
Fahrzeug	40 000 DM
gesamt	900 000 DM

2. Kurzfristige Investitionen:	20 000 DM
Warenlager	
3. Betriebsmittel:	
Personalkosten	5 800 DM
Zinsen	2 000 DM
gesamt	7 800 DM

4. Gründungskosten:

Notargebühren	1 000 DM
Anmeldungen/Genehmigungen	500 DM
Beratungen	5 000 DM
gesamt	6 500 DM

Finanzbedarf gesamt	934 300 DM

Finanzierungskonzept
Die förderwürdige Investitionssumme, die sich aus den lang- und den kurzfristigen Investitionen zusammensetzt, beträgt 920 000 DM. Sie ist die Bemessungsgrundlage für Eigenkapitalhilfe- und ERP-Programm.

Eigenkapital:

15 % =	138 000 DM
Eigenkapitalhilfeprogramm	
(= Aufstockung des Eigenkapitals auf 40 %)	
25 % =	230 000 DM
ERP-Existenzgründungsprogramm	
max. 50 % =	460 000 DM
	828 000 DM
Gesamtfinanzierungsbedarf	934 300 DM
Eigenkapital und Fördersumme	828 000 DM
Finanzierungsrest	106 300 DM

Der Finanzierungsrest von 106 300 DM aus dem rein fiktiven Finanzierungsbeispiel einer Existenzgründung im Hotel- und Gaststättengewerbe muß für eine sinnvolle Existenzgründung noch überbrückt werden. Hierzu haben Sie verschiedene Möglichkeiten.

Zum einen können Sie den gesamten Rest durch Ihre Hausbank finanzieren lassen, zum Beispiel durch ein

Annuitätendarlehen. Zu prüfen wäre zum anderen, ob Sie ein zusätzliches Förderprogramm in Anspruch nehmen können.

Das Beispiel gibt Ihnen einen Überblick über ein recht einfaches Finanzierungskonzept. Das Eigenkapitalhilfeprogramm, das Ihr Eigenkapital bis 40 % der Investitionssumme aufstockt, sollten Sie auf keinen Fall außer außer acht lassen. Es ist auch nicht sinnvoll, mehr als die geforderten 15 % Eigenkapital aufzuwenden, denn damit verkleinern Sie automatisch Ihre Förderungssumme aus dem EKH-Programm. Dieses Geld ist für Sie jedoch außerordentlich billig. Sparen Sie Ihr überschüssiges Eigenkapital für den Finanzierungsrest und für Unvorhergesehenes auf.

Das ERP-Existenzgründungsprogramm kann sowohl im gezeigten Umfang genutzt werden als auch reduziert werden, je nachdem, ob es für Sie nicht vielleicht noch andere – günstigere – Fördermöglichkeiten gibt. Manche Förderprogramme sind miteinander zu verbinden, andere wiederum können sich unter Umständen ausschließen.

ERP-Beteiligungsprogramm zur Förderung von Beteiligungen von kleinen und mittleren Unternehmen

Dies ist ein Programm zur Förderung von Existenzgründungen und Investitionen in den neuen Bundesländern und Berlin, das auch aus dem ERP–Sondervermögen gespeist wird.

Unternehmen der gewerblichen Wirtschaft können von privaten Kapitalbeteiligungsgesellschaften ERP-geförderte Beteiligungen erhalten. Das Ziel dieser Maßnahme ist die Erweiterung der Eigenkapitalbasis

und/oder die Konsolidierung der Finanzverhältnisse.
Neben beispielsweise der Förderung von Kooperationen und Innovationen werden aus diesem Programm
auch Existenzgründungen gefördert.

Der Beteiligungsvertrag kann frei vereinbart werden. Eine Bedingung für die Inanspruchnahme des
Programms ist, daß die Gesamtbelastung aus der Beteiligung für den Beteiligungsnehmer durchschnittlich, über die vereinbarte Beteiligungsdauer hinweg,
12 % der Beteiligungssumme pro Jahr nicht überschreitet.

Die Beteiligung kann bis zu 15 Jahren laufen. Der
Höchstbetrag der Beteiligung ist auf in der Regel
2 000 000 DM festgelegt, kann aber in Ausnahmefäl-
len bis zu 5 000 000 DM betragen. Das vorhandene Eigenkapital soll jedoch nicht überstiegen werden.

Auskünfte über dieses Programm gibt Ihnen Ihr Kreditinstitut oder die Kreditanstalt für Wiederaufbau
(KfW) sowie deren Niederlassung in Berlin:

Kreditanstalt für Wiederaufbau (KfW)
Palmengartenstraße 5–9
60325 Frankfurt/Main
Telefon: 069/74310
Telefax: 069/7431244

Kreditanstalt für Wiederaufbau/Büro Berlin
Internationales Handelszentrum
Friedrichstraße 95
10117 Berlin
Telefon: 030/2643-2065 oder -2069
Telefax: 030/2643-2084

Kreditprogramme der Kreditanstalt für Wiederaufbau

Die Kreditanstalt für Wiederaufbau vergibt zinsgünstige Kredite, von denen ein Teil nur Existenzgründerinnen und Existenzgründern in den neuen Bundesländern zur Verfügung steht.

Hierzu gehören **die Kredite der Kreditanstalt für Wiederaufbau an (noch) staatliche Unternehmen in den neuen Bundesländern.**

Sie dienen der Finanzierung von Modernisierungs- und Umstrukturierungsinvestitionen sowie für eine Anlaufzeit, auch als Soforthilfe zur Beschaffung dringend benötigter Ersatzteile und Vormaterialien.

Antragsberechtigt sind ausschließlich Unternehmen der gewerblichen Wirtschaft, soweit sie sich (noch) in Staatseigentum befinden. Auch die in privater Rechtsform geführten Unternehmen zählen hierzu, wenn staatliche Institutionen wie etwa die Treuhandanstalt die Mehrheit der Geschäftsanteile oder des Aktienkapitals halten.

Die Kreditanstalt für Wiederaufbau leistet einen Finanzierungsanteil von in der Regel bis zu 50 % des Investitionsvolumens. Nach 2 tilgungsfreien Anlaufjahren beträgt die Restlaufzeit für die Rückzahlung der Fördergelder in der Regel 8 Jahre. Der Zinssatz wird für die gesamte Laufzeit fest vereinbart und ist unabhängig von der jeweiligen Situation am Kapitalmarkt.

Die Kredite der Kreditanstalt für Wiederaufbau werden bis zur Privatisierung der Antragsteller als Direktkredite vergeben.

Ansprechpartner für das beschriebene Programm Wiederaufbau oder KfW-Niederlassung Berlin, deren

Adressen schon genannt sind, die Sie aber auch im Anhang finden.

Ein weiteres auf die neuen Bundesländer beschränktes Programm der Kreditanstalt für Wiederaufbau ist das **KfW/THA-Industrieprogramm** (Investitionskredite für Industrieunternehmen der Treuhandanstalt).

Das Ziel dieser Investitionskredite der Kreditanstalt für Wiederaufbau ist, die langfristige Finanzierung von Sanierungsinvestitionen in Unternehmen der Treuhandanstalt zu sichern. Die Kredite sind mit einem günstigen Zinssatz ausgestattet und werden aus Mitteln gespeist, die der Kreditanstalt für Wiederaufbau von der Europäischen Investitionsbank (EIB) in Zusammenarbeit mit der Treuhandanstalt (THA) zu Verfügung gestellt werden.

Diese Kredite können produzierende und verarbeitende Unternehmen sowie industrielle Dienstleistungsunternehmen im Eigentum der Treuhandanstalt in Anspruch nehmen. Es werden Investitionen in den neuen Bundesländern zur Anpassung an die Markterfordernisse und zur Beseitigung von Privatisierungshindernissen finanziert.

Auch hier beträgt der Finanzierungsanteil bis zu 50 % der Investitionskosten. Der Laufzeit der Kredite beträgt maximal 10 Jahre bei höchstens 2 tilgungsfreien Anlaufjahren. Auch hier wird ein fester Zinssatz für die gesamte Laufzeit vereinbart.

Die Anträge für diese Kredite müssen bei einem Kreditinstitut gestellt werden. Die Kreditinstitute sind mit der Abwicklung dieser Kredite beauftragt.

Wenn Sie sich über dieses Programm informieren

wollen, so erhalten Sie Informationen zur Antragstellung, zur Abwicklung und insbesondere auch zur Förderfähigkeit Ihres geplanten Vorhabens bei der Kreditanstalt für Wiederaufbau oder bei der Nachfolgegesellschaft der Treuhandanstalt, der Beteiligungs-Management-Gesellschaft Berlin mbH (BMGB) sowie der Bundesanstalt für vereinigungsbedingte Sonderaufgaben (BVS).

Beteiligungs-Management-Gesellschaft Berlin mbH (BMGB)
Alexanderplatz 6
10100 Berlin
Telefon: 030/3154-01
Telefax: 030/31542922
Bundesanstalt für vereinigungsbedingte Sonderaufgaben (BVS)
Leipziger Straße 5–7
10100 Berlin
Telefon: 030/3154-01
Telefax: 030/3154-2922

Das KfW-Mittelstandsprogramm der Kreditanstalt für Wiederaufbau können Sie sowohl in den alten wie auch in den neuen Bundesländern in Anspruch nehmen. Antragsberechtigt sind kleine und mittlere Unternehmen der gewerblichen Wirtschaft sowie freiberuflich Tätige. Zu den Unternehmen der gewerblichen Wirtschaft zählen produzierendes Gewerbe, Handwerk, Handel und sonstiges Dienstleistungsgewerbe.

Mit diesem speziell auf den Mittelstand zugeschnittenen Programm soll die Leistungsfähigkeit des Mittelstandes erhalten bzw. verbessert werden. Es werden Investitionen gefördert, die der Errichtung, Sicherung oder Erweiterung des Unternehmens dienen. Bei innovativen Produkten können Sie aber auch eine Förderung für Ihre Sach- und Personalaufwendungen zur Erprobung, Produktionsaufnahme und Markterschließung der Produkte beantragen.

In den neuen Bundesländern wird als Ziel der Maßnahme die Unterstützung solcher Investitionen bezeichnet, die einer langfristigen Mittelbereitstellung bedürfen. Hierzu zählen: [56]

- Erwerb von Grundstücken und Gebäuden
- Bauinvestitionen
- Anschaffung von Maschinen und Fahrzeugen
- Betriebs– und Geschäftsausstattung
- Vorhaben im Rahmen der Forschung und Entwicklung neuer Produkte
- Erwerb immaterieller Wirtschaftsgüter
- Kaufpreisfinanzierung im Rahmen von Firmenerwerb oder MBO/MBI (Management Buy Out/ Management Buy In)

Wie bei zahlreichen anderen Maßnahmen auch, darf das Vorhaben zum Zeitpunkt der Antragstellung noch nicht begonnen worden sein.

Eine Besonderheit dieses Programmes ist, daß es weder mit dem ERP-Existenzgründungsprogramm noch mit dem DtA-Existenzgründungsprogramm kombiniert werden darf.

Es ist jedoch mit dem ERP-Aufbauprogramm sowie auch anderen öffentlichen Förderprogrammen zu koppeln.

---

[56] Vgl. hierzu wie auch zu den anderen speziell auf die neuen Bundesländer zugeschnittenen Programmen: Bundesministerium für Wirtschaft: Wirtschaftliche Förderung in den neuen Bundesländern, Stand Januar 1995. Diese Broschüre wird auf Anfrage kostenlos verschickt. Die Bestelladresse finden Sie im Anhang.

Das Fördervolumen dieses KfW-Mittelstandsprogramms beträgt bis zu 75 % der förderfähigen Gesamtkosten, die als zinsgünstiges Darlehen gewährt werden. Der Kredithöchstbetrag ist auf 10 000 000 DM festgelegt worden. Die Tilgung sieht maximal 2 tilgungsfreie Jahre vor, danach wird eine Tilgung in gleichen Halbjahresraten geleistet. Die Laufzeit kann insgesamt bis zu 10 Jahren betragen.

In den alten Bundesländern ist die Verzinsung von der Lage am Kapitalmarkt abhängig. Für Investitionen in den neuen Bundesländern gelten Festzinszusagen für die gesamte Laufzeit. Die Ausgestaltung der Kredite ist in den neuen Bundesländern zu günstigeren Konditionen möglich. Es werden bankübliche Sicherheiten wie zum Beispiel Grundschulden, Bürgschaften und Sicherheitsübereignungen von Maschinen verlangt.

Die Kredite aus dem KfW-Mittelstandsprogramm können bei jedem Kreditinstitut beantragt werden. Sie können sich über dieses Programm bei der Kreditanstalt für Wiederaufbau oder der KfW-Niederlassung Berlin informieren, damit Sie bei einem eventuellen Gespräch mit Ihrer Hausbank bereits genügend Hintergrundwissen haben.

Existenzgründungsprogramm der Deutschen Ausgleichsbank (DtA)

Dieses Förderprogramm der Deutschen Ausgleichsbank ist speziell auf Existenzgründer/innen und ihre Bedürfnisse zugeschnitten. Mit diesem Förderprogramm sollen solche Vorhaben unterstützt werden, die zu einer selbständigen Vollexistenz führen. Existenzgründung einschließlich damit im Zusammenhang stehende Investition – innerhalb von 8 Jahren nach Betriebseröffnung – werden gefördert.

Es werden bis zu 75 % der förderfähigen Gesamtkosten als zinsgünstiges Darlehen gewährt. Der Höchstbetrag ist in der Regel auf 2 000 000 DM festgeschrieben. Es müssen mindestens 30 000 DM beantragt werden.

Zu den förderfähigen Investitionen zur Festigung einer selbständigen Existenz, die innerhalb von 8 Jahren nach Geschäftseröffnung getätigt werden, zählt die Deutsche Ausgleichsbank:

- die Errichtung von Filialen,
- die Erweiterung oder Umstellung des Sortiments, Produkt- oder Dienstleistungsangebotes,
- die Aufstockung des Material-, Ersatzteil- oder Warenlagers,
- die Standortsicherung (zum Beispiel Erwerb bisher gemieteter Betriebsräume),
- die Verlagerung des Betriebsstandorts in Gewerbegebiete (in den neuen Bundesländern und Berlin auch bei länger als 8 Jahren bestehenden Unternehmen).

Zusätzlich werden als Verwendungszweck für die Mittel aus diesem Programm noch genannt:

- Investitionen für neuartige Produkte bzw. Verfahren (Innovationen),
- Übernahme von Betrieben oder Betriebsteilen im Zuge von Ausgliederungsmaßnahmen der öffentlichen Hand (Privatisierung) und damit im Zusammenhang stehende Investitionen und,
- Ergänzungsfinanzierung zu den von der Deutschen

Ausgleichsbank durchgeführten Förderprogrammen.

Bedenken Sie auch hier, daß Sie bis zum Zeitpunkt der Antragstellung mit der Durchführung Ihres Vorhabens noch nicht begonnen haben dürfen. Da das Finanzierungsrisiko dieses Förderprogramms voll bei Ihrer Hausbank liegt, wird erwartet, daß sich die Antragsteller und Antragstellerinnen mit eigenen oder sonstigen Mitteln in angemessenem Umfang an dem Vorhaben beteiligen.

Aussiedler/innen, die sich seit höchstens 10 Jahren in der Bundesrepublik aufhalten, können einen um 0,5 % reduzierten Zinssatz bei einem Auszahlungskurs von 100 % erhalten. Sollten Sie zu diesem Interessentenkreis gehören, so fordern Sie am besten das Informationsblatt der Deutschen Ausgleichsbank zu diesem Thema an. Es enthält detaillierte Informationen zu den Förderkonditionen:

Deutsche Ausgleichsbank (DtA)
Wielandstraße 4
53170 Bonn
Telefon: 0228/831-2261
Telefax: 0228/831-2255

Deutsche Ausgleichsbank
Niederlassung Berlin
Sarrazinstraße 11–15, Berlin-Friedenau
Postfach 411066
12120 Berlin
Telefon: 030/85085-0
Telefax: 030/85085-298/299

Mittel aus diesem Programm werden aber nicht direkt bei der Deutschen Ausgleichsbank beantragt, sondern die Anträge müssen bei Ihrem Kreditinstitut (Hausbank) eingereicht werden. Ihre Hausbank leitet Ihren Antrag dann an die Deutsche Ausgleichsbank weiter.

Bürgschaften für Angehörige freier Berufe

Das ebenfalls von der Deutschen Ausgleichsbank getragene Programm, unterstützt Angehörige freier Berufe bei der Finanzierung von Gründungs– oder anschließenden Festigungsinvestitionen bei fehlenden banküblichen Sicherheiten. Die DtA kann 80 %ige modifizierte Ausfallbürgschaften übernehmen.

Voraussetzungen für die Übernahme einer Bürgschaft durch die DtA sind folgende:

- es werden nur langfristige Bankkredite verbürgt,
- die Bürgschaft muß vor Abschluß des Kreditvertrages beantragt werden,
- die Investitionen sind betriebswirtschaftlich sinnvoll und erfolgsträchtig,
- Sie können eine positive Stellungnahme Ihrer Berufsvertretung oder einer anderen fachlich kompetenten Stelle vorweisen,
- der Ehepartner bürgt mit.

Die Verwendungszwecke für diese Ausfallbürgschaften sind vielseitig angelegt. So werden zum Beispiel Einrichtungsgegenstände von Praxen, Kauf, Neubau oder Umbau eigener Praxis- oder Büroräume, Aufbau ambulanter Operationszentren, Kaufpreise für den ideellen Wert von Steuerberater- oder Anwaltspraxen usw. unterstützt. Auch Kontokorrentkredite für den langfristige Betriebsmittelbedarf können aus diesem Programm verbürgt werden.

Weitere Informationen zu diesem Programm erhalten Sie bei der Deutschen Ausgleichsbank, deren Adresse oben bereits angegeben ist, die Sie aber auch im Anhang finden.

Sonstige Hilfen
Überbrückungshilfe des Arbeitsamtes

Wenn Sie arbeitslos sind und sich selbständig machen wollen, so können Sie vom Arbeitsamt eine Überbrückungshilfe in Anspruch nehmen. Sie soll in der Anlaufzeit des Unternehmens zur Sicherstellung Ihres Lebensunterhaltes dienen. Dieses Überbrückungsgeld wird als Zuschuß gezahlt. Es muß also nicht zurückerstattet werden.

Die Höhe richtet sich nach dem zuletzt gezahlten Arbeitslosengeld oder der Arbeitslosenhilfe. Sie erhalten Überbrückungshilfe für 26 Wochen.

Voraussetzungen für die Gewährung dieser Überbrückungshilfe sind:

- vor Aufnahme Ihrer selbständigen Tätigkeit müssen Sie mindestens 4 Wochen arbeitslos gewesen sein oder in einer allgemeinen Maßnahme zur Arbeitsbeschaffung oder ähnlichem beschäftigt gewesen sein,
- Ihr Lebensunterhalt darf ohne die Unterstützung nicht gesichert sein,
- Sie müssen wenigstens 18 Stunden wöchentliche Arbeitszeit für Ihre selbständige Tätigkeit aufwenden,
- Sie müssen, wie bei zahlreichen anderen Programmen auch, den Antrag auf Überbrückungsgeld vor Aufnahme der selbständigen Tätigkeit stellen.

Die Förderung wird bei dem für Sie zuständigen Arbeitsamt beantragt.

ÖIB–Programm für Frauen

Örtliche Initiativen zur Beschäftigung (ÖIB) von Frauen ist ein Programm, das aus Mitteln der Europäischen Union finanziert wird.

Es war zunächst bis Ende 1995 angelegt, eine Fortsetzung des Programms über diesen Termin hinaus ist aber möglich.

Frauen, die ein Unternehmen, eine Genossenschaft oder eine örtliche Beschäftigungsinitiative planen oder gegründet haben, können einen einmaligen Zuschuß erhalten, wenn die Führungspositionen und die Mehrzahl der Arbeitsplätze von Frauen besetzt sind.

Die Projekte sind vor allem dann förderfähig, wenn sie zur örtlichen Entwicklung beitragen und in männliche Bastionen eindringen. Vorhaben auf dem Gebiet des Einzelhandels, der Körper- und Schönheitspflege und der freien Berufe sind deshalb ausgeschlossen.

Dieses Programm hat zwei Teile. Teil A bezuschußt in Höhe von 2 000 ECU[57] die Erstellung einer Durchführbarkeitsstudie und Markttests. Für diesen Zuschuß muß der innovative Charakter des Projekts erkennbar sein. Der Nachweis der notwendigen fachlichen Qualifikation der Antragstellerin muß erbracht werden, und die notwendigen Schritte zur Unternehmensgründung müssen bereits erfolgt sein.

Der Programmteil B fördert die Schaffung von Arbeitsplätzen für Frauen. Voraussetzung für die Inan-

---

[57] Ein ECU entspricht ca. 1,90 DM

spruchnahme dieses Programms ist, daß mindestens zwei Vollzeit- oder vier halbe Arbeitsplätze für Frauen geschaffen werden. Auch müssen der beispielhafte und neue Charakter des Projekts und seine wirtschaftliche Tragfähigkeit unter Beweis gestellt werden.

Wenn die Antragstellung innerhalb von 24 Monaten nach der Unternehmensgründung durchgeführt wird, dann kann ein einmaliger Zuschuß in Höhe von 2 000 ECU pro geschaffenem Vollarbeitsplatz oder entsprechendem Teilzeit-Arbeitsplatz geleistet werden. Der Zuschuß aus den Mitteln der Europäischen Union beträgt maximal 10 000 ECU.

Wenn Sie sich über das ÖIB-Programm informieren und eventuell eine Förderung beantragen möchten, so wenden Sie sich an die nationale Expertin des ÖIB-Netzes, Frau Angelika Dierkes, REA – Regionale Entwicklungsagentur für Frauenbetriebe und -objekte – in Berlin; sie ist donnerstags von 10.00 bis 14.00 Uhr unter der Telefonnummer 030/2153266 zu erreichen.

Die Frau in der Landwirtschaft

Ohne die Bäuerinnen läuft in der Landwirtschaft so gut wie nichts.

Zwar sind Betriebsinhaberinnen mit 8 % im früheren Bundesgebiet und 18,7 % in den neuen Bundesländern[58] als Chefinnen noch unterrepräsentiert, da aber häufig das Wohlergehen der Höfe von der Mitarbeit der Frauen abhängt, rücken auch sie zunehmend in den Blickpunkt. Es werden ihnen Schulungen und

---

[58] Vgl. hierzu: Bundesministerium für Ernährung, Landwirtschaft und Forsten (Hrsg.): Die Frau in der Landwirtschaft, Bonn, Dezember 1993, S. 9

Beratungen angeboten und ihre Arbeit durch Erstellung von Informationsunterlagen speziell für Bäuerinnen und Beraterinnen unterstützt.

Informationen über das aktuelle Beratungs- und Weiterbildungsangebot erhalten Sie bei den Ämtern für Landwirtschaft oder den Beratungsstellen der Landwirtschaftskammern.

Agrar-Investitionsförderungsprogramm

Das Agrar-Investitionsförderungsprogramm ist nicht auf die Inanspruchnahme durch Frauen begrenzt, förderfähig sind aber vornehmlich betriebliche Investitionen, die auf hauptsächlich von Frauen gemanagte Leistungen zielen.

Antragsberechtigt für das Agrar-Investitionsförderungsprogramm sind Inhaber/innen landwirtschaftlicher und weinbaulicher Unternehmen. Es werden solche betrieblichen Investitionen gefördert, die eine Verbesserung der Struktur erwarten lassen, die die Leistungsfähigkeit des Unternehmens steigern und die damit das landwirtschaftliche Einkommen sichern.

Förderfähig sind zum Beispiel Investitionen für
- Urlaub auf dem Bauernhof,
- Direktvermarktung landwirtschaftlicher Erzeugnisse,
- Freizeit und Erholung.

Aber auch andere Investitionen, wie für bauliche Maßnahmen, können gefördert werden. Sollten Sie eine Existenzgründung im landwirtschaftlichen Bereich anstreben, so informieren Sie sich bei den
- Staatlichen Lehr- und Versuchs- (Forschungs-)an-

stalten für Landwirtschaft, Weinbau, Gartenbau und Hauswirtschaft,

- Ämtern für Landwirtschaft
- Landratsämtern in den neuen Bundesländern,
- Beratungsstellen der Landwirtschaftskammern,
- Bezirksregierungen.

Gerade im landwirtschaftlichen Bereich gibt es eine Vielzahl von Programmen, die zum Teil miteinander kombiniert werden können.

Inwieweit Sie die Voraussetzungen für die Inanspruchnahme der einzelnen Programme mitbringen, können Ihnen die Beratungsstellen sagen.

Eine Reihe von Informationsschriften zu land- und hauswirtschaftlichen Themenbereichen erhalten Sie kostenlos beim:

Bundesministerium für Ernährung, Landwirtschaft und Forsten
Postfach 140270
53107 Bonn
Telefon: 0228/529-0
Telefax: 0228/529-4262
und beim:
Auswertungs- und Informationsdienst für Ernährung, Landwirtschaft und Forsten (AID)
Konstantinstraße 124
53179 Bonn
Telefon: 0228/8499-0
Telefax: 0228/8499-177

Förderung von Informations- und Schulungsveranstaltungen (Fort- und Weiterbildung) für kleine und mittlere Unternehmer und Führungskräfte sowie für Existenzgründer

Aus diesem Programm werden Informations- und Schulungsveranstaltungen für Unternehmer/innen, Führungskräfte und Existenzgründer/innen gefördert, um die Leistungs- und Wettbewerbsfähigkeit kleiner und mittlerer Unternehmen sowie die der freien Berufe zu stärken.

Es wird ein Zuschuß zu den Veranstaltungskosten gewährt, so daß diese Veranstaltungen kostengünstiger angeboten werden können. Ansprechpartner für dieses Programm sind die Leitstellen, die Sie im Anhang finden, sowie das

Bundesamt für Wirtschaft
Referat II/2
Postfach 5171
65726 Eschborn
Telefon: 06196/404-0
Telefax: 06196/942260

Fortbildungsprämie und Förderung von Meisterkursen im Handwerk

Es gibt räumlich begrenzte Unterstützungsprogramme, die das Ziel haben, Frauen die Höherqualifizierung zu erleichtern. So können Sie zum Beispiel in den neuen Bundesländern eine Unterstützung erhalten, wenn Sie sich zur Meisterin qualifizieren wollen.[59] Vor-

---

[59] Die Förderung ist bis Ende 1996 begrenzt. Ob sie danach fortgesetzt wird, war bis Redaktionsschluß nicht bekannt.

aussetzung ist Ihre Erklärung, daß Sie innerhalb von 2 Jahren nach der Meisterprüfung eine selbständige Existenz gründen wollen.

Veranstalter der Meisterkurse sind die Handwerkskammern und Verbände. Diese stellen für die Bewerberinnen auch die Anträge auf Bezuschussung beim Zentralverband des Deutschen Handwerks, der der Ansprechpartner ist.

Zentralverband des Deutschen Handwerks
Johanniterstraße 1
53113 Bonn
Telefon: 0228/545-0
Telefax: 0228/545-205

Ein anderes Programm unterstützt Qualifizierungen in Rheinland-Pfalz. Wenn Sie dort eine Meisterprüfung im Handwerk, in der Industrie, im Hotel- und Gaststättengewerbe, in der Landwirtschaft und in der Hauswirtschaft oder eine Prüfung zur Fachkauffrau oder Fachwirtin oder die Staatliche Prüfung zur Technikerin nach dem 31. Dezember 1993 bestanden haben, können Sie eine einmalige Prämie in Höhe von 5000 DM beantragen.

Voraussetzung ist, daß Sie innerhalb von 3 Jahren nach der Prüfung durch die Gründung, den Erwerb oder die Übernahme eines Unternehmens oder einer tätigen Beteiligung eine selbständige Vollexistenz begründen.

Sollte dieses Programm für Sie in Frage kommen, so können Sie über Ihre zuständige Kammer (Adressen im Anhang) einen Antrag einreichen, der an das:

Ministerium für Wirtschaft, Verkehr, Landwirtschaft und Weinbau
Stiftsstraße 9

55116 Mainz
weitergereicht wird.

Informationen über weitere räumlich begrenzte Förderprogramme erhalten Sie bei den jeweiligen Wirtschaftsministerien (Adressen im Anhang), den Kammern (Adressen finden Sie ebenfalls im Anhang), den
Wirtschaftsförderungsabteilungen Ihrer Stadt- und
Kreisverwaltungen und bei Ihrer Hausbank.

Existenzgründungsbörse

Sie planen den Weg in die Selbständigkeit, scheuen
sich aber noch, den letzten Schritt zu tun? Vielleicht
fehlt Ihnen noch der geeignete Partner? Oder Sie würden eigentlich lieber ein bestehendes Unternehmen
übernehmen anstatt selbst zu gründen?

Dann ist vielleicht die Existenzgründungsbörse des
Deutschen Industrie- und Handelstages für Sie die Lö-
sung.

Diese Existenzgründungsbörse soll Existenzgründern den Schritt in die Selbständigkeit erleichtern. Sie
vermittelt Partner für eine gemeinsame Gründung,
sucht für bestehende Unternehmen Nachfolger und
aktive Teilhaber und versucht so, zum einen neue Arbeitsplätze zu schaffen und zum anderen mit Betriebs-
aufgaben verbundene Arbeitsplatzverluste zu vermeiden.

Die Existenzgründungsbörse umfaßt sowohl Angebote als auch Nachfragen. In Teil A der Niederschrift
finden Sie Unternehmen, die einen Nachfolger oder
aktiven Teilhaber suchen. In Teil B können Sie sich mit
Ihrer Vorstellung und Ihren Wünschen aufnehmen lassen, wenn Sie sich selbständig machen wollen. Die An-

gebote und Nachfragen werden unter Chiffrenummer aufgenommen. Es entstehen keine Kosten.

Sollten Sie sich für diese Existenzgründungsbörse, die durch den Deutschen Industrie- und Handelstag koordiniert wird, interessieren, so wenden Sie sich bitte an die für Sie zuständige Industrie- und Handelskammer. Die Adresse Ihrer Kammer finden Sie im Anhang.

Weitere Förderprogramme und Beratungsförderung

Schon die Aufzählung der bundesweiten Förderprogramme für Existenzgründerinnen/Existenzgründer hat deutlich gemacht, daß es gar nicht so einfach ist, sich in diesem Dschungel der möglichen Unterstützungen durch öffentliche Träger zurechtzufinden.

Es gibt außerdem noch zahlreiche Programme auf Länder- oder kommunaler Ebene, die unter Umständen auf Ihr Vorhaben passen könnten. Auch zahlreiche regionale Wirtschaftsförderungsprogramme unterstützen Existenzgründungen in Ihrer Region.

Informieren Sie sich, und suchen Sie sich zusätzlich einen kompetenten Berater. Hier sollten Sie die Kosten nicht scheuen. Zum einen kann es Sie leicht ein Vielfaches kosten, wenn Sie den falschen Weg einschlagen. Zum anderen werden Existenzgründungsberatungen und Existenzaufbauberatungen innerhalb von 2 Jahren nach der Existenzgründung finanziell gefördert.

Bei Existenzgründungsberatungen werden Ihnen 60 % der Beratungskosten, maximal 3 000 DM[60], er-

---

[60] Stand: Mai 1995

stattet, und bei Existenzaufbauberatungen können Sie ebenfalls mit einer Erstattung von 60 % der Beratungskosten, maximal 4 000 DM, rechnen.

Daneben gibt es noch zahlreiche Förderungen für Umweltschutzberatungen (DtA und andere), Energiesparberatungen und allgemeine Beratungen. Anträge für diese Förderungsberatungen im Bereich der gewerblichen Wirtschaft können Sie einreichen bei der:

IHK-Gesellschaft zur Förderung der Außenwirtschaft und der Unternehmensführung mbH
Schönholzer Straße 10/11
13187 Berlin
Telefon: 030/48806-0
Telefax: 030/48806-333
und beim:
Zentralverband des Deutschen Handwerks
Johanniterstraße 1
53113 Bonn
Telefon: 0228/545-0
Telefax: 0228/545-205

Auch das Rationalisierungs-Kuratorium der Deutschen Wirtschaft e.V. (RKW) fördert die Beratung kleiner und mittlerer Unternehmen der gewerblichen Wirtschaft. Das RKW sucht für Sie Unternehmensberater aus und begleitet die Beratung. Wenn Sie sich im Bereich der gewerblichen Wirtschaft selbständig machen, so können Sie sich beim RKW nach den Möglichkeiten einer Förderung der Existenzgründungsberatung erkundigen.

Rationalisierungs-Kuratorium der Deutschen Wirtschaft e.V.
Postfach 5867

65733 Eschborn
Düsseldorfer Straße 40
65760 Eschborn
Telefon: 06196/495-1
Telefax: 06196/495-303

Sie können sich auch an die für Sie zuständige Landesgruppe bzw. Geschäftsstelle des RKW richten. Die Adressen und Telefonnummern finden Sie im Anhang.

Auch die Handwerkskammern sowie Industrie- und Handelskammern stehen Ihnen bei Ihrer Existenzgründung beratend zur Seite. Sie beschäftigen hauptamtliche qualifizierte Betriebsberater, deren Beratungsleistung oft auch kostenlos in Anspruch genommen werden kann. Setzen Sie sich mit der für Sie zuständigen Kammer in Verbindung und erkundigen Sie sich speziell nach diesen Existenzgründungsberatungen.

Zusätzlich werden von den Kammern Seminare angeboten, bei denen generelle Themen zur Sprache kommen. Die Adressen der Kammern finden Sie ebenfalls im Anhang.

Kommunale, regionale und länderspezifische Programme ergänzen die Fördermöglichkeiten. Deshalb gilt auf alle Fälle: Lassen Sie sich beraten. Nehmen Sie das Angebot der Förderung durch die unterschiedlichsten öffentlichen Träger an. Verbessern Sie Ihre Startchancen, indem Sie Möglichkeiten, die Ihnen offen stehen, auch nutzen. Es sind ja keine Almosen, die Ihnen hier gegeben werden, sondern es sind Mittel, die bereitgestellt werden, weil Existenzgründungen ein wesentlicher wirtschaftlicher Faktor sind.

Mut allein reicht nicht! Aber ohne Mut geht nichts!

Viele Schritte sind auf dem Weg in die Selbständigkeit zu gehen. Sie haben gesehen: Mut allein reicht nicht! Sie müssen auf viele Fragen eine Antwort finden: Ist Ihre Geschäftsidee tragfähig? Stimmen Ihre persönlichen und fachlichen Voraussetzungen? Welche Rechtsform ist für Sie empfehlenswert? Wo und wie müssen Sie sich anmelden? Wie hoch ist Ihr Finanzbedarf, und woher bekommen Sie das nötige Kapital?

Sie müssen auf Ihrem Weg auch immer wieder neue Entscheidungen fällen, die unter Umständen zu dem Ergebnis führen können, das geplante Vorhaben doch noch zurückzustellen oder sogar ganz aufzugeben.

Unternehmerin zu sein erfordert Mut. Mut, den ersten Schritt zu tun und ins kalte Wasser zu springen. Mut aber auch, sich in Gesprächen und Verhandlungen für die eigene Sache einzusetzen und selbstbewußt die eigenen Positionen zu vertreten.

Vielleicht neigen Frauen eher dazu, nachzugeben, zu beschwichtigen, um des lieben Friedens willen zurückzutreten. Das, was von Frauen im privaten Umfeld oft als Strategie für Harmonisierung eingesetzt wird, kann sich im Unternehmensumfeld als Hemmschuh erweisen.

Natürlich sollen Frauen ihre persönlichen Stärken, wie das Vermitteln bei Streitigkeiten, das Herstellen eines guten Gesprächsklimas und das gute Einfühlungsvermögen, erfolgbringend einsetzen. Sie dürfen aber nicht vor lauter Harmoniestreben in eine Haltung verfallen, die sie zum Spielball fremder Interessen werden läßt.

Zur Unternehmerin gehört Mut zur Durchsetzung ihrer Interessen und immer wieder Mut, einen neuen ersten Schritt zu tun: das erste Mal zu einem neuen Kunden fahren, das erste Mal mit einem neuen Lieferanten verhandeln, das erste Mal auf einer Messe präsentieren und das erste Mal selber Einstellungsgespräche führen.

Immer wieder müssen Sie Hürden überwinden, vor denen Sie vielleicht Angst haben. Nur Mut allein reicht natürlich nicht, aber ohne Mut geht nichts!

Anhang: Nützliche Adressen

Frauennetzwerke

Berufsverband der Frau im Mittelstand, in freien Berufen und im Management e.V. (BFM), Ehrwalder Straße 85, 81377 München, Tel.: 089/711658

Bundesverband der Unternehmerfrauen im Handwerk e.V., Geschäftsstelle, c/o Landesgewerbeamt Baden-Württemberg, Postfach 4169, 76026 Karlsruhe, Tel.: 0721/135-4030, Fax: 0721/135-4020

Deutscher Landfrauenverband e.V., Godesberger Allee 142-148, 53175 Bonn, Tel.: 0228/378051

Deutscher Verband Berufstätiger Frauen e.V., Schornstraße 8, 81669 München, Tel.: 089/619156

European Women's Management Development Network Deutschland e.V. (EWMD) Friedbergstraße 21, 14057 Berlin, Tel.: 030/3247070

FAU – Frauen als Unternehmerinnen e.V., Olsdorfer Straße 14, 91325 Adelsdorf, Tel.: 09195/6793

Gesprächskreis Führungsfrauen, Dieburger Straße 103, 64287 Darmstadt, Tel.: 06151/13075

Münchner Wirtschaftsforum, Sekretariat Office Team, Kolpingstraße 8, 83646 Bad Tölz, Tel.: 08041/9454

pömps, Niedernstraße 8, 32657 Lemgo, Tel.: 05261/189557

Verband Deutscher Unternehmerinnen e.V., Gustav-Heinemann-Ufer 94, 50968 Köln, Tel.: 0221/3750 74, Fax: 0221/343171

Europäische Netzwerke für Chancengleichheit
Mitglieder in der Bundesrepublik Deutschland

Netzwerk *Anwendung der EG-Richtlinien*, Dr. Klaus Bertelsmann, Weidestraße 118 B, 22083 Hamburg, Tel.: 040/2713013, Fax: 040/2790954

Prof. Dr. Michael Cöster, Universität München, Professor-Huber-Platz 2, 80539 München, Tel.: 089/21803588, Fax: 089/21803159

Netzwerk *Situation der Frauen auf dem Arbeitsmarkt*, Fachhochschule für Wirtschaft Berlin, Prof. Friederike Maier, Badensche Straße 50–51, 10825 Berlin, Tel.: 030/8678233, Fax: 030/8678270

Wissenschaftszentrum Berlin, Dr. Sigrid Quack, Reichpietschufer 50, 10785 Berlin, Tel.: 030/25491113, Fax: 030/25491100

Netzwerk *Örtliche Beschäftigungsinitiative*, Angelika Dierkes

Regionale Entwicklungsagentur für Frauenbetriebe und -projekte (REA), Hermannstraße 229, 12049 Berlin, Tel.: 030/2153266, Fax: 030/2170542

Lenkungsausschuß für *Chancengleichheit im Rundfunk*, Dr. Inge von Boenninghausen, Westdeutscher Rundfunk, Postfach 101950, 50600 Köln, Tel.: 0221/2203925, Fax: 0221/2204800

Rita Zimmermann, Westdeutscher Rundfunk, Postfach 101950, 50600 Köln, Tel.: 0221/2204111, Fax: 0221/2202000

Angelika Bierbaum, Südwestfunk, Postfach 820, 76530 Baden-Baden, Tel.: 07221/922241, Fax: 07221/924362

Christine Alfs, ZDF, Postfach 4040, 55100 Mainz, Tel.: 06131/704311, Fax: 06131/702157

Netzwerk *Kinderbetreuung und Maßnahmen zur besseren Vereinbarkeit von Familie und Beruf*

Monika Jäckel, Deutsches Jugendinstitut, Freibadstraße 30, 81543 München, Tel.: 089/62306253, Fax: 089/ 62306162

Netzwerk *IRIS Berufsbildung*, Birgit Schultes-Zartmann, Bundesministerium für Bildung und Wissenschaft, Referat II B 6, 53170 Bonn, Tel.: 0228/572877, Fax: 0228/572096

Brigitte Wolf, Bundesministerium für Berufsbildung, Fehrbellinerplatz 3, 10707 Berlin, Tel.: 030/86432297, Fax: 030/86432455

Arbeitsgruppe *Chancengleichheit in der Schule*, Helga Ebeling, Bundesministerium für Bildung und Wissenschaft, Forschung und Technologie, 53179 Bonn, Tel.: 0228/ 572041, Fax: 0228/572094

Netzwerk *Frauen in Führungspositionen*, Susanne Seeland, Westfälische Straße 27, 10709 Berlin, Tel.: 030/8919353, Fax: 030/8919353

Netzwerk Koordinierungsgruppe *Positive Aktionen (Frauenförderpläne)*, Gerhard Engelbrecht, Jochensteinstraße 32, 90480 Nürnberg, Tel.: 0911/1793073, Fax: 0911/1793258

Netzwerk *Familie und Beruf*, Angelika Fauth-Herkner, Wettersteinstraße 16, 82049 Pullach, Tel.: 089/ 74996108, Fax: 089/74996109

Industrie- und Handelskammern

Industrie- und Handelskammer zu Aachen, Bezirk: Stadt Aachen sowie die Kreise Aachen, Düren, Euskirchen, Heinsberg, Theaterstraße 6-10, 52062 Aachen, Tel.: 0241/4380, Fax: 0241/438259

Industrie- und Handelskammer für das südöstliche Westfalen zu Arnsberg, Bezirk: Hochsauerlandkreis, Kreis Soest, Königstraße 18-20, 59821 Arnsberg, Tel.: 02931/8780, Fax: 02931/21427

Industrie- und Handelskammer Aschaffenburg, Bezirk: Stadt Aschaffenburg, Landkreis Aschaffenburg und Miltenberg, Kerschensteinerstraße 9, 63741 Aschaffenburg, Tel.: 06021/880-0, Fax: 06021/87981

Industrie- und Handelskammer für Augsburg und Schwaben, Bezirk: Bayerischer Regierungsbezirk Schwaben und Landkreis Lindau, Stettenstraße 1 u. 3, 86150 Augsburg, Tel.: 0821/3162-0, Fax: 0821/3162-323

Industrie- und Handelskammer für Oberfranken Bayreuth, Bezirk: Bayerischer Regierungsbezirk Oberfranken mit Ausnahme der kreisfreien Stadt Coburg und des Landkreises Coburg, Bahnhofstraße 25-27, 95444 Bayreuth, Tel.: 0921/886-0, Fax: 0921/12778

Industrie- und Handelskammer zu Berlin, Hardenbergstraße 16–18, 10623 Berlin, Tel.: 030/31510-0, Fax: 030/31510-278

Industrie- und Handelskammer Ostwestfalen zu Bielefeld, Bezirk: Regierungsbezirk Detmold (ohne Kreis Lippe), Kreise Bielefeld und die Kreise Gütersloh, Herford, Höxter, Minden-Lübbecke und Paderborn, Elsa-Brandström-Straße 1–3, 33602 Bielefeld, Tel.: 0521/554-0, Fax: 0521/554-219

Industrie- und Handelskammer zu Bochum, Bezirk: Städte Bochum und Herne sowie aus dem Ennepe-Ruhr-Kreis die Städte Hattingen und Witten, Ostring 30–32, 44787 Bochum, Tel.: 0234/68901-0, Fax: 0234/68901-10

Industrie- und Handelskammer Bonn, Bezirk: Kreisfreie Stadt Bonn und Rhein-Sieg-Kreis, Bonner Talweg 17, 53113 Bonn, Tel.: 0228/2284-0, Fax: 0228/2284-170

Industrie- und Handelskammer Braunschweig, Bezirk: Kreisfreie Städte Braunschweig und Salzgitter sowie die Landkreise Goslar, Helmstedt, Peine und Wolfenbüttel, Brabandtstraße 11, 38100 Braunschweig, Tel.: 0531/4715-0, Fax: 0531/4715-299

Handelskammer Bremen, Bezirk: Gebiet der Stadtgemeinde Bremen sowie das Gebiet der stadtbremischen Häfen in Bremerhaven, Am Markt 13, 28195 Bremen, Tel.: 0421/36370, Fax: 0421/3637-299

Industrie- und Handelskammer Bremerhaven, Bezirk: Stadt Bremerhaven, Friedrich-Ebert-Straße 6, 27570 Bremerhaven, Tel.: 0471/92460-0, Fax: 0471/92460-90

Industrie- und Handelskammer Chemnitz-Plauen-Zwickau, Straße der Nationen 25, 09111 Chemnitz, Tel.: 0371/69000, Fax: 0371/643018

Industrie- und Handelskammer Chemnitz-Plauen und Zwickau, Regionalkammer Plauen, Friedensstraße 32, 08523 Plauen, Tel.: 03741/214-0, Fax: 03741/214-260

Industrie- und Handelskammer Chemnitz-Plauen und Zwickau, Regionalkammer Zwickau, Äußere Schneeberger Straße 34, 08056 Zwickau, Tel.: 0375/8140, Fax: 0375/814-127

Industrie- und Handelskammer zu Coburg, Bezirk:

Stadt und Landkreis Coburg, Palais Edingburg, Schloßplatz 5, 96450 Coburg, Tel.: 09561/7426-0, Fax: 09561/7426-50

Industrie- und Handelskammer Cottbus, Bezirk: Cottbus-Stadt und die Landkreise Bad Liebenwerda, Calau, Finsterwalde, Forst, Guben, Herzberg, Luckau, Lübben, Senftenberg, Spremberg, Goethestraße 1, 03046 Cottbus, Tel.: 0355/365-0, Fax: 0355/365-266

Industrie- und Handelskammer Darmstadt, Bezirk: Stadt Darmstadt und Landkreise Bergstraße, Darmstadt-Dieburg, Groß-Gernau und Odenwaldkreis, Rheinstraße 89, 64295 Darmstadt, Tel.: 06151/871-0, Fax: 06151/871-281

Industrie- und Handelskammer Detmold, Bezirk: Kreis Lippe, Willi-Hofmann-Straße 5, 32756 Detmold, Tel.: 0 52 31/7601-0, Fax: 05231/7601-57

Industrie- und Handelskammer Dillenburg, Bezirk: Dill/Obere Lahn, Wilhelmstraße 10, 35683 Dillenburg, Tel.: 02771/905-0, Fax: 02771/905-528

Industrie- und Handelskammer zu Dortmund, Bezirk: Dortmund, Hamm sowie der Kreis Unna mit den Gemeinden Bergkamen, Bönen, Fröndenberg, Holzwickede, Kamen, Lünen, Schwerte, Selm, Werne a. d. Lippe, Märkische Straße 120, 44 141 Dortmund, Tel.: 0231/5417-0, Fax: 0231/5417-109

Industrie- und Handelskammer Dresden, Bezirk: Regierungsbezirk Dresden, Niedersedlitzer Straße 63, 01257 Dresden, Tel.: 0351/2802-0, Fax: 0351/2802-280

Industrie- und Handelskammer zu Düsseldorf, Bezirk: Kreisfreie Stadt Düsseldorf und Kreis Mettmann, Ernst-Schneider-Platz 1, 40212 Düsseldorf, Tel.: 0211/3557-0, Fax: 0211/3557-400

Niederrheinische Industrie- und Handelskammer

Duisburg-Wesel-Kleve zu Duisburg, Bezirk: Kreisfreie Stadt Duisburg, Kreis Kleve, Kreis Wesel, Mercatorstraße 22/24, 47051 Duisburg, Tel.: 0203/2821-0, Fax: 0203/26533

Industrie- und Handelskammer für Ostfriesland und Papenburg, Bezirk: Die Landkreise Aurich, Leer und Wittmund, die kreisfreie Stadt Emden und aus dem Gebiet des Landkreises Emsland die Stadt Papenburg, Ringstraße 4, 26721 Emden, Tel.: 04921/8901-0, Fax: 04921/8901-33

Industrie- und Handelskammer Erfurt, Bezirk: Erfurt, Weimar und die Landkreise Erfurt-Lana, Weimar-Land, Arnstadt, Apolda, Artern, Bad Langensalza, Eisenach, Nordhausen, Sömmerda, Gotha, Heiligenstadt, Worbis, Mühlhausen und Sonderhausen, Weimarische Straße 36, 99099 Erfurt, Tel.: 0361/3484-0, Fax: 0361/3484-299

Industrie- und Handelskammer für Essen, Mülheim a. d. Ruhr, Oberhausen zu Essen, Bezirk: Essen, Mülheim a. d. Ruhr und Oberhausen, Am Waldthausenpark 2, 45127 Essen, Tel.: 0201/1892-0, Fax: 0201/207866

Industrie- und Handelskammer zu Flensburg, Bezirk: Stadt Flensburg, Kreise Schleswig-Flensburg, Nordfriesland, Dithmarschen, Heinrichstraße 28-34, 24937 Flensburg, Tel.: 0461/806-0, Fax: 0461/806-71

Industrie- und Handelskammer Frankfurt am Main, Bezirk: Stadtkreis Frankfurt am Main und als Außenbezirk der Landkreis Hochtaunus und vom Landkreis Main-Taunus die Gemeinden: Kriftel, Liederbach, Sulzbach. Die Städte: Bad Soden, Eschborn Eppstein, Flörsheim, Hattersheim, Hofheim, Kelkheim, Schwalbach, Börsenplatz 4, 60313 Frankfurt/M., Tel.: 069/2197-0, Fax: 069/2197-424

Industrie- und Handelskammer Frankfurt/Oder, Bezirk: Landkreise Barnim, Uckermark, Oder-Spree und Märkisch-Oderland sowie die kreisfreie Stadt Frankfurt/Oder, Humboldtstraße 3, 15230 Frankfurt/O., Tel.: 0335/339-0, Fax: 0335/325492

Industrie- und Handelskammer Südlicher Oberrhein, Bezirk: Stadtkreis Freiburg i. Br., Landkreise Breisgau-Hochschwarzwald, Emmendingen, Ortenaukreis, Sitz und Hauptstelle Schnewlinstraße 11-13, 79098 Freiburg/B., Tel.: 0761/3858-0, Fax: 0761/3858-222

Industrie- und Handelskammer Friedberg (Hessen), Bezirk: Wetteraukreis und vom Vogelsbergkreis die Stadt Schotten, Goetheplatz 3, 61169 Friedberg, Tel.: 06031/609-0, Fax: 06031/609-180

Industrie- und Handelskammer Fulda, Bezirk: Landkreis Fulda, Heinrichstraße 8, 36037 Fulda, Tel.: 0661/284-0, Fax: 0661/284-44

Industrie- und Handelskammer Ostthüringen zu Gera, Humboldtstraße 14, 07545 Gera, Tel.: 0365/553-0, Fax: 0365/553-90

Industrie- und Handelskammer Gießen, Bezirk: Gießen und der Vogelsbergkreis, Lonystraße 7, 35390 Gießen, Tel.: 0641/7954-0, Fax: 0641/75914

Südwestfälische Industrie- und Handelskammer zu Hagen, Bezirk: Stadt Hagen, Märkischer Kreis, Ennepe-Ruhr-Kreis mit Ausnahme der Städte Hattingen und Witten, Bahnhofstraße 18, 58095 Hagen, Tel.: 02331/390-0, Fax: 02331/13586

Industrie- und Handelskammer Halle-Dessau, Georg-Schumann-Platz 5, 06110 Halle, Tel.: 0345/21260, Fax: 0345/2029649

Handelskammer Hamburg, Bezirk: Staatsgebiet

Hamburg, Adolphsplatz 1, 20457 Hamburg, Tel.: 040/36138-0, Fax: 040/36138-401

Industrie- und Handelskammer Hanau-Gelnhausen-Schlüchtern, Bezirk: Main-Kinzig-Kreis im Regierungsbezirk Darmstadt, Am Pedro-Jung-Platz 14, 63450 Hanau, Tel.: 06181/9290-0, Fax: 06181/9290-77

Industrie- und Handelskammer Hannover-Hildesheim, Bezirk: Hannover und die Landkreise Diepholz, Göttingen, Hameln-Pyrmont, Hannover-Land, Hildesheim, Holzminden, Nienburg, Northeim, Osterode am Harz, Schaumburg, Sitz Hannover, Schiffgraben 49, 30175 Hannover, Tel.: 0511/3107-0, Fax: 0511/3107-333

Industrie- und Handelskammer Ostwürttemberg, Bezirk: Ostalbkreis und Kreis Heidenheim, Ludwig-Erhard-Straße 1, 89520 Heidenheim, Tel.: 07321/324-0, Fax: 07321/324-169

Industrie- und Handelskammer Heilbronn, Bezirk: Stadtkreis Heilbronn, Landkreis Heilbronn und die Landkreise Hohenlohekreis, Main-Tauber-Kreis, Schwäbisch Hall, Rosenbergstraße 8, 74072 Heilbronn, Tel.: 07131/9677-0, Fax: 0731/9677-199

Industrie- und Handelskammer Karlsruhe, Bezirk: Stadtkreise Karlsruhe und Baden-Baden, Landkreise Karlsruhe und Rastatt, Lammstraße 13–17, 76133 Karlsruhe, Tel.: 0721/174-0, Fax: 0721/174-290

Industrie- und Handelskammer Kassel, Bezirk: Stadt Kassel, Landkreise Kassel, Hersfeld-Rotenburg, Waldeck-Frankenberg, Marburg-Biedenkopf mit Ausnahme der Städte Biedenkopf und Gladenbach sowie der Gemeinden Angelburg, Breidenbach, Dautphetal, Bad Endbach und Steffenberg, Werra-Meißner-Kreis, Schwalm-Eder-Kreis, Kurfürstenstraße 9, 34117 Kassel, Tel.: 0561/7891-0, Fax: 0561/7891-290

Industrie- und Handelskammer zu Kiel, Bezirk: Stadtkreise Kiel, Neumünster, Landkreise Pinneberg, Plön, Rendsburg-Eckernförde, Steinburg, Lorentzendamm 24, 24103 Kiel, Tel.: 0431/5194-0, Fax: 0431/5194-234

Industrie- und Handelskammer zu Koblenz, Bezirk: Koblenz Stadt, Kreise Ahrweiler, Altenkirchen, Birkenfeld, Cochem-Zell, Kreuznach, Mayen-Koblenz, Neuwied, Rhein-Hunsrück, Rhein-Lahn, Westerwald, Schloßstraße 2, 56068 Koblenz, Tel.: 0261/106-0, Fax: 0261/106-234

Industrie- und Handelskammer zu Köln, Bezirk: Kreisfreie Städte Köln und Leverkusen sowie Erftkreis, Rheinisch-Bergischer Kreis und Oberbergischer Kreis, Unter Sachsenhausen 10–26, 50667 Köln, Tel.: 0221/1640-0, Fax: 0221/1640-123

Industrie- und Handelskammer Hochrhein-Bodensee, Bezirk: Landkreise Konstanz, Lörrach, Waldshut, Sitz: Konstanz, Schützenstraße 8, 78462 Konstanz, Tel.: 07531/2860-0, Fax: 07531/2860-70

Industrie- und Handelskammer Mittlerer Niederrhein Krefeld-Mönchengladbach-Neuss, Bezirk: Die kreisfreien Städte Krefeld und Mönchengladbach sowie die Kreise Neuss und Viersen, Nordwall 39, 47798 Krefeld, Tel.: 02151/635-0, Fax: 02151/635138

Industrie- und Handelskammer zu Leipzig, Goerdelerring 5, 04109 Leipzig, Tel.: 0341/1267-0, Fax: 0341/1267-421

Industrie- und Handelskammer Limburg, Bezirk: Kreise Limburg-Weilburg, Walderdorffstraße. 7, 65549 Limburg/Lahn, Tel.: 06431/8091, Fax: 06431/25190

Industrie- und Handelskammer Lindau/Bodensee, Bezirk: Landkreis Lindau, Maximilianstraße 1, 88131 Lindau, Tel.: 08382/4094-95, Fax: 08382/4057

Industrie- und Handelskammer für die Pfalz in Ludwigshafen am Rhein, Bezirk: Pfalz des Regierungsbezirks Rheinhessen-Pfalz, Ludwigsplatz 2/3, 67059 Ludwigshafen, Tel.: 0621/5904-0, Fax: 0621/5904-166

Industrie- und Handelskammer zu Lübeck, Bezirk: Hansestadt Lübeck, Kreise Herzogtum Lauenburg, Ostholstein, Segeberg und Stormann, Breite Straße 6–8, 23552 Lübeck, Tel.: 0451/135-0, Fax: 0451/135-284

Industrie- und Handelskammer Lüneburg-Wolfsburg, Bezirk: Kreisfreie Stadt Wolfsburg und die Landkreise Lüneburg, Celle, Gifhorn, Harburg, Lüchow-Dannenberg, Soltau-Fallingbostel und Uelzen, Am Sande 1, 21335 Lüneburg, Tel.: 04131/742-0, Fax: 04131/742-180

Industrie- und Handelskammer Magdeburg, Bezirk: Regierungsbezirk Magdeburg, zusätzlich der Landkreis Zerbst ohne den Landkreis Quedlinburg, Alter Markt 8, 39104 Magdeburg, Tel.: 0391/5693-0, Fax: 0391/5693-105

Industrie- und Handelskammer für Rheinhessen, Bezirk: Ehem. Reg.-Bez. Rheinhessen, umfassend die Städte Mainz und Worms sowie die Kreise Mainz-Bingen und Alzey-Worms, Schillerplatz 7, 55116 Mainz, Tel.: 06131/262-0, Fax: 06131/262-169

Industrie- und Handelskammer Rhein-Neckar in Mannheim, Bezirk: Stadtkreise Mannheim und Heidelberg, Landkreise Rhein-Neckar und Neckar-Odenwald-Kreis, L 1.2, 68161 Mannheim, Tel.: 0621/1709-0, Fax: 0621/1709-100

Industrie- und Handelskammer für München und Oberbayern, Bezirk: Regierungsbezirk Oberbayern, Max-Joseph-Straße 2, 80333 München, Tel.: 089/5116-0, Fax: 089/5116-306

Industrie- und Handelskammer zu Münster, Bezirk: Kreisfreie Städte Bottrop, Gelsenkirchen, Kreis Recklinghausen, Steinfurt und Warendorf, Sentmaringer Weg 61, 48151 Münster, Tel.: 0251/707-0, Fax: 0251/707-325

Industrie- und Handelskammer Neubrandenburg, Bezirk: Kreisfreie Stadt Neubrandenburg, Landkreis Neubrandenburg, Kreise Altentreptow, Anklam, Demmin, Malchin, Neustrelitz, Röbel, Strasburg, Teterow, Ueckermünde und Waren, Katharinenstraße 48, 17033 Neubrandenburg, Tel.: 0395/4479-0, Fax: 0395/4479-510

Industrie- und Handelskammer Nürnberg, Bezirk: Bayerische Reg.-Bez. Mittelfranken; Landkreise: Nürnberger Land, Fürth, Ansbach, Erlangen-Höchstadt, Roth, Weißenburg-Gunzenhausen, Neustadt a. d. Aisch/Bad Windsheim; Stadtkreise: Ansbach, Erlangen, Fürth, Nürnberg, Schwabach, Hauptmarkt 25–27, 90403 Nürnberg, Tel.: 0911/1335-0, Fax: 0911/1335-500

Industrie- und Handelskammer Offenbach am Main, Bezirk: Stadt Offenbach a. M., Kreis Offenbach a. M., Platz der Deutschen Einheit 5, 63065 Offenbach, Tel.: 069/8207-0, Fax: 069/8207-199

Oldenburgische Industrie- und Handelskammer, Bezirk: Kreisfreie Städte Delmenhorst, Oldenburg, Wilhelmshaven sowie die Landkreise Ammerland, Cloppenburg, Friesland, Oldenburg, Vechta, Wesermasch, Moselstraße 6, 26122 Oldenburg, Tel.: 0441/2220-0, Fax: 04441/2220-111

Industrie- und Handelskammer Osnabrück-Emsland, Bezirk: Stadt Osnabrück und Landkreise Emsland (mit Ausnahme der Stadt Papenburg), Grafschaft

Bentheim, Osnabrück, Neuer Graben 38, 49074 Osnabrück, Tel.: 0541/353-0, Fax: 0541/353-171

Industrie- und Handelskammer für Niederbayern in
Passau, Bezirk: Reg.-Bez. Niederbayern (mit Ausnahme des Landkreises Kelheim), Nibelungenstraße
15, 94032 Passau, Tel.: 0851/507-0, Fax: 0851/507-280

Industrie- und Handelskammer Nordschwarzwald,
Bezirk: Stadtkreis Pforzheim, Landkreise Calw, Enz-
kreis, Freudenstadt, Dr.-Brandenburg-Straße 6, 75173
Pforzheim, Tel.: 07231/201-0, Fax: 07231/201-158

Industrie- und Handelskammer Potsdam, Große
Weinmeisterstraße 59, 14469 Potsdam, Tel.: 0331/
98190, Fax: 0331/23485

Industrie- und Handelskammer Regensburg, Bezirk: Reg.-Bez. Oberpfalz, (Stadtkreise Amberg, Regensburg, Weiden sowie die Landkreise Amberg-
Sulzbach, Cham, Neumarkt i. d. Oberpfalz Neustadt/
WN, Regensburg, Schwandorf, Tirschenreuth) und
vom Reg.-Bez-Niederbayern der Landkreis Kelheim,
Dr.-Martin-Luther-Straße 12, 93047 Regensburg, Tel.:
0941/5694-0, Fax: 5694-279

Industrie- und Handelskammer Reutlingen, Bezirk:
Region Neckar-Alb, Landkreise Reutlingen, Tübin-
gen, Zollernalbkreis, Hindenburgstraße 54, 72762
Reutlingen, Tel.: 07121/201-0, Fax: 07121/201-181

Industrie- und Handelskammer Rostock, Außenstelle: Wismar, Stralsund, Bergen, Greifswald, Wol-
gast, Ernst-Barlach-Straße 7, 18055 Rostock, Tel.:
0381/466980, Fax: 0381/4591156

Industrie- und Handelskammer des Saarlandes, Bezirk: Saarland, Franz-Josef-Röder-Straße 9, 66119
Saarbrücken, Tel.: 0681/9520-0, Fax: 0681/9520-888

Industrie- und Handelskammer Schwerin, Schloßstraße 6–8, 19053 Schwerin, Tel.: 0385/5103-0, Fax: 0385/5103-36

Industrie- und Handelskammer Siegen, Bezirk: Kreise Siegen-Wittgenstein und Olpe, Koblenzer Straße 121, 57072 Siegen, Tel.: 0271/3302-0, Fax: 0271/3302-37

Industrie- und Handelskammer Stade für den Elbe-Weser-Raum, Bezirk: Landkreise Cuxhaven, Osterholz, Rotenburg, Stade und Verden, Am Schäferstieg 2, 21680 Stade, Tel.: 04141/6066-0, Fax: 04141/6066-24

Industrie- und Handelskammer Region Stuttgart, Bezirk: Stadtkreis Stuttgart sowie die Landkreise Böblingen, Esslingen, Göppingen, Ludwigsburg und Rems-Murr-Kreis, Jägerstraße 30, 70174 Stuttgart, Tel.: 0711/2005-0, Fax: 0711/2005-354

Industrie- und Handelskammer Südthüringen-Suhl, Neuer Friedberg 1, 98527 Suhl, Tel. 03681/590-0, Fax 03681/590-75

Industrie- und Handelskammer Trier, Bezirk: Reg.-Bez. Trier, Kreisfreie Stadt Trier sowie die Landkreise Bitburg-Prüm, Bernkastel-Wittlich, Daun und Trier-Saarburg, Kornmarkt 6, 54290 Trier, Tel.: 0651/9777-0, Fax: 0651/9777-153

Industrie- und Handelskammer Ulm, Bezirk: Stadtkreise Ulm, Landkreis Biberach, Alb-Donau-Kreis, Olgastraße 101, 89073 Ulm (Donau), Tel.: 0731/173-0, Fax: 0731/173-173

Industrie- und Handelskammer Schwarzwald-Baar-Heuberg, Bezirk: Landkreise Rottweil, Schwarzwald-Baar, Tuttlingen, Romäusring 4, 78050 Villingen-Schwenningen, Tel.: 07721/922-0, Fax: 07721/922-166

Industrie- und Handelskammer Bodensee-Oberschwaben, Bezirk: Bodenseekreis, Landkreis Ravensburg, Landkreis Sigmaringen, Lindenstraße 2, 88250 Weingarten, Tel.: 0751/409-0, Fax: 0751/409-159

Industrie- und Handelskammer Wetzlar, Bezirk: Stadt und ehemaliger Kreis Wetzlar, Friedenstraße 2, 35578 Wetzlar, Tel.: 06441/4008-0, Fax: 064 41/4008-33

Industrie- und Handelskammer Wiesbaden, Bezirk: Stadt Wiesbaden, Rheingau-Taunus-Kreis, vom Main-Taunus-Kreis die Stadt Hochheim, Wilhelmstraße 24–26, 65183 Wiesbaden, Tel.: 0611/1500-0, Fax: 0611/377271

Industrie- und Handelskammer Würzburg-Schweinfurt, Bezirk: im Regierungsbezirk Unterfranken die Stadt- und Landkreise Würzburg und Schweinfurt sowie die Landkreise Bad Kissingen, Haßberge, Kitzingen, Main-Spessart und Rhön-Grabfeld, Mainaustraße 33, 97082 Würzburg, Tel.: 0931/4194-0, Fax: 0931/4194-100

Industrie- und Handelskammer Wuppertal-Solingen-Remscheid, Bezirk: Kreisfreie Städte Wuppertal, Solingen, Remscheid, Hauptgeschäftsstelle Wuppertal, Heinrich-Kamp-Platz 2, 42103 Wuppertal, Tel.: 0202/2490-0, Fax: 0202/2490-999

Handwerkskammern

Handwerkskammer Aachen, Sandkaulbach 21, 52062 Aachen, Tel.: 0241/471-0, Fax: 0241/471-103

Handwerkskammer Arnsberg, Brückenplatz 1, 59821 Arnsberg, Tel. 02931/877-0, Fax 02931/877-60

Handwerkskammer für Schwaben, Schmiedberg 4,

86152 Augsburg, Tel.: 0821/3259-0, Fax: 0821/3259-271

Handwerkskammer für Ostfriesland, Straße des Handwerks 2, 26603 Aurich, Tel.: 04941/1797-0, Fax: 04941/1797-40

Handwerkskammer für Oberfranken, Kerschensteinerstraße 7, 95448 Bayreuth, Tel.: 0921/910-0, Fax: 0921/910-309

Handwerkskammer Berlin, Blücherstraße 68, 10961 Berlin, Tel.: 030/25903-01, Fax: 030/25903-235

Handwerkskammer Ostwestfalen-Lippe zu Bielefeld, Obernstraße 48, 33602 Bielefeld, Tel.: 0521/52097-0, Fax: 0521/52097-67

Handwerkskammer Braunschweig, Burgplatz 2, 38100 Braunschweig, Tel.: 0531/48013-0, Fax: 0531/48013-57

Handwerkskammer Bremen, Ansgaritorstraße 24, 28195 Bremen, Tel.: 0421/30500-0, Fax: 0421/30500-10

Handwerkskammer Chemnitz, Aue 13, 09112 Chemnitz, Tel.: 0371/91070, Fax: 0371/302930

Handwerkskammer Coburg, Hinterer Floßanger 6, 96450 Coburg, Tel.: 09561/517-0, Fax: 09561/68586

Handwerkskammer Cottbus, Lausitzer Straße 1-7, 03046 Cottbus, Tel.: 0355/78350, Fax: 0355/31220

Handwerkskammer Dortmund, Reinoldistraße 7–9, 44135 Dortmund, Tel.: 0231/5493-0, Fax: 0231/5493-116

Handwerkskammer Dresden, Wiener Straße 43, 01219 Dresden, Tel.: 0351/4640-30, Fax: 0351/4719188

Handwerkskammer Düsseldorf, Georg-Schulhoff-Platz 1, 40221 Düsseldorf, Tel.: 0211/8795-0, Fax: 0211/8795-110

Handwerkskammer Erfurt, Fischmarkt 13, 99084 Erfurt, Tel.: 0361/6707-0, Fax: 0361/64228996

Handwerkskammer Flensburg, Johanniskirchhof 1, 24937 Flensburg, Tel.: 0461/866-0, Fax: 0461/866-110

Handwerkskammer Frankfurt/Oder, Bahnofstraße 12, 15230 Frankfurt/O., Tel.: 0335/34622, Fax: 0335/ 322131

Handwerkskammer Freiburg/Br., Bismarckallee 6, 79098 Freiburg, Tel.: 0761/218000, Fax: 0761/289447

Handwerkskammer Ostthüringen, Handwerks- straße 5, 07545 Gera, Tel.: 0365/8225-0, Fax: 0365/ 8225-199

Handwerkskammer Halle/Saale, Graefestraße 24, 06110 Halle/Saale, Tel.: 0345/7791-0, Fax: 0345/7791- 200

Handwerkskammer Hamburg, Holstenwall 12, 20355 Hamburg, Tel.: 040/35905-1, Fax: 040/35905- 208

Handwerkskammer Hannover, Berliner Allee 17, 30175 Hannover, Tel.: 0511/34859-0, Fax: 0511/34859- 88

Handwerkskammer Heilbronn, Allee 76, 74072 Heilbronn, Tel.: 07131/6231-0, Fax: 07131/6231-50

Handwerkskammer Hildesheim, Braunschweiger Straße 53, 31134 Hildesheim, Tel.: 05121/162-0, Fax: 05121/33836

Handwerkskammer der Pfalz, Am Altenhof 15, 67655 Kaiserslautern, Tel.: 0631/8401-0, Fax: 0631/8401-180

Handwerkskammer Karlsruhe, Friedrichsplatz 4-5, 76133 Karlsruhe, Tel.: 0721/164-0, Fax: 0721/164-91

Handwerkskammer Kassel, Scheidemannplatz 2, 34117 Kassel, Tel.: 0561/7888-0, Fax: 0561/7888-115

Handwerkskammer Koblenz, Friedrich-Ebert-Ring 33, 56068 Koblenz, Tel.: 0261/398-1, Fax: 0261/398-282

Handwerkskammer zu Köln, Heumarkt 12, 50667 Köln, Tel.: 0221/2022-1, Fax: 0221/2022-320

Handwerkskammer Konstanz, Webersteig 3, 78462 Konstanz, Tel.: 07531/205-0, Fax: 07531/16468

Handwerkskammer zu Leipzig, Lessingstraße 7, 04109 Leipzig, Tel.: 0341/2188-0, Fax: 0341/200816

Handwerkskammer Lübeck, Breite Straße 10–12, 23552 Lübeck, Tel.: 0451/1506-0, Fax: 0451/1506-180

Handwerkskammer Lüneburg-Stade, Friedenstraße 6, 21335 Lüneburg, Tel.: 04131/712-0, Fax: 04131/44724

Bezirksstelle Stade: Im Neuwerk 19, 21680 Stade, Tel.: 04141/60620, Fax: 04141/63139

Handwerkskammer Magdeburg, Humboldtstraße 16, 39112 Magdeburg, Tel.: 0391/31855-59, Fax: 0391/42308

Handwerkskammer Rheinhessen, Göttelmannstraße 1, 55130 Mainz, Tel.: 06131/8302-0, Fax: 06131/8302-63

Handwerkskammer Mannheim, B1. 1-2, 68159 Mannheim, Tel.: 0621/18002-0, Fax: 0621/18002-57

Handwerkskammer für München und Oberbayern, Max-Joseph-Straße 4, 80333 München, Tel.: 089/5119-0, Fax: 089/5119-295

Handwerkskammer Münster, Bismarckallee 1, 48151 Münster, Tel.: 0251/5203-0, Fax: 0251/5203-106

Handwerkskammer Neubrandenburg, Friedrich-Engels-Ring 11, 17033 Neubrandenburg, Tel.: 0395/5593-0, Fax: 0395/5593-169

Handwerkskammer für Mittelfranken, Sulzbacher Straße 11–15, 90489 Nürnberg, Tel.: 0911/5309-0, Fax: 0911/5309-288

Handwerkskammer Oldenburg, Theaterwall 30–32, 26122 Oldenburg, Tel.: 0441/232-0, Fax: 0441/232-218

Handwerkskammer Osnabrück-Emsland, Bramscher Straße 134–136, 49088 Osnabrück, Tel.: 0541/6929-0, Fax: 0541/6929-290

Handwerkskammer Potsdam, Charlottenstraße 34–36, 14467 Potsdam, Tel.: 0331/3703-0, Fax: 0331/292377

Handwerkskammer Niederbayern/Oberpfalz, Hauptverwaltungssitz Passau, Nikolastraße 10, 94032 Passau, Tel.: 0851/5301-0, Fax: 0851/58145

Handwerkskammer Niederbayern, Oberpfalz, Hauptverwaltungssitz Regensburg, Ditthornstraße 10, 93055 Regensburg, Tel.: 0941/7965-0, Fax: 0941/792550

Handwerkskammer Rhein-Main, Hauptverwaltungssitz Frankfurt/M., Bockenheimer Landstraße 21, 60325 Frankfurt/M., Tel.: 069/710001-0, Fax: 069/722690

Handwerkskammer Rhein-Main, Hauptverwaltungssitz Darmstadt, Hindenburgstraße 1, 64295 Darmstadt, Tel.: 06151/30070, Fax: 06151/318375

Handwerkskammer Reutlingen, Hindenburgstraße 58, 72762 Reutlingen, Tel.: 07121/2412-12, Fax: 07121/2412-27

Handwerkskammer Rostock, August-Bebel-Straße 104, 18055 Rostock, Tel.: 0381/4549-0, Fax: 0381/4922973

Handwerkskammer des Saarlandes, Hohenzollernstraße 47, 66117 Saarbrücken, Tel.: 0681/5809-0, Fax: 5809-177

Handwerkskammer Schwerin, Friedensstraße 4 A, 19053 Schwerin, Tel.: 0385/7417-0, Fax: 0385/716051

Handwerkskammer Stuttgart, Heilbronner Straße 43, 70191 Stuttgart, Tel.: 0711/1657-0, Fax: 0711/1657-222

Handwerkskammer Südthüringen, Rosa-Luxemburg-Straße 9, 98527 Suhl, Tel.: 03681/370-0, Fax: 03681/370-290

Handwerkskammer Trier, Loebstraße 18, 54292 Trier, Tel.: 0651/207-0, Fax: 207-115

Handwerkskammer Ulm, Olgastraße 72, 89073 Ulm, Tel.: 0731/1425-0, Fax: 0731/1425-20

Handwerkskammer Wiesbaden, Bahnhofstraße 63, 65185 Wiesbaden, Tel.: 0611/136-0, Fax: 0611/136-155

Handwerkskammer für Unterfranken, Rennweger Ring 3, 97070 Würzburg, Tel.: 0931/30908-0, Fax: 0931/30908-53

Rationalisierungs-Kuratorium der Deutschen Wirtschaft e.V.

RKW-Zentrale, Düsseldorfer Straße 40, 65760 Eschborn, Tel.: 06196/495-1, Fax: 06196/495-303

RKW Baden-Württemberg, Ansprechpartner Dr. Albrecht Fridrich, Königstraße 49/III, 70173 Stuttgart, Postfach 104064, 70035 Stuttgart, Tel.: 0711/22998-0, Fax: 0711/22998-10

RKW Bayern, Ansprechpartner Dipl.-Kfm. Ludwig Steinherr, Gustav-Heinemann-Ring 212, 81739 München, Postfach 830749, 81707 München, Tel.: 089/670040-0, Fax: 089/670040-40

RKW-Büro Nürnberg, Aufseßplatz 21, 90459 Nürnberg, Tel.: 0911/439040, Fax :0911/4468553

RKW Berlin, Ansprechpartner Dipl.-Ing. Hans-Jürgen Buschmann, Rankestraße 5–6, 10789 Berlin, Tel.: 030/884480-0, Fax: 030/884480-25

RKW Brandenburg, Ansprechpartner Dr. Ulrich

Hoffmann, Berliner Straße 89, 14467 Potsdam, Tel.:
0331/22124, Fax: 0331/24100

RKW Bremen, Ansprechpartner Dr. Dieter Porschen,
Balgebrückstraße 3-5 (Petrihof), 28195 Bremen, Postfach 102462, 28024 Bremen, Tel.: 0421/323316, Fax:
0421/ 326218

RKW Hamburg, Ansprechpartner Ing. (grad.) Hans-
Jürgen Rabe, Heilwigstraße 33, 20249 Hamburg, Tel.:
040/4602087, Fax: 040/482032

RKW Hessen, Ansprechpartner Dipl.-Ökonom
Bernd Siebenhaar, Düsseldorfer Straße 40, 65760 Eschborn, Postfach 5867, 65733 Eschborn, Tel.: 06196/
495-358/357, Fax: 06196/495-368

RKW-Büro Kassel, Lilienthalstraße 25, 34123 Kassel,
Tel.: 0561/53336, Fax: 0561/573830

Geschäftsstelle Mecklenburg-Vorpommern, Joachim-Jungius-Straße 9, 18059 Rostock, Tel.: 0381/
4659-4 02, Fax: 0381/4659-403

RKW Niedersachsen, Friesenstraße 14, 30161 Hannover, Tel.: 0511/33803-0, Fax: 0511/33803-38

RKW Landesgruppe Niedersachsen, Büro Bremen,
Balgebrückstraße 3–5 (Petrihof), 28195 Bremen, Tel.:
0421/3233 16, Fax: 0421/3637299

Landesgruppe Nord-Ost, Geschäftsstelle Schleswig-Holstein, Holtenauer Straße 94, 24105 Kiel, Tel.:
0431/563075-76, Fax: 0431/568250

Landesgruppe Nord-Ost, Geschäftsstelle Mecklenburg-Vorpommern, Joachim-Jungius-Straße 9, 18059
Rostock, Tel.: 0381/4659-402, Fax: 0381/4659-403

RKW Nordrhein-Westfalen, Sohnstraße 70, 40237
Düsseldorf, Tel.: 0211/68001-0, Fax: 0211/68001-68

RKW Rheinland-Pfalz, Schillerstraße 26–28, 55116
Mainz, Tel.: 06131/28661-0, Fax: 06131/2866-19

Landesgruppe Sachsen, Ledenweg 2, 01445 Radebeul, Tel.: 0351/4346, Fax: 0351/4347

Landesgruppe Sachsen-Anhalt, Tismarstraße 20, 39108 Magdeburg, Tel.: 0391/35754, Fax: 0391/35754

RKW-Geschäftsstelle Saarland, Zentrale für Produktivität und Technologie Saar e.V., Franz-Josef-Röder-Straße 9, 66119 Saarbrücken, Tel.: 0681/508-1, Fax: 0681/5846125

Landesgruppe Thüringen, Arnstädter Straße 28, 99096 Erfurt, Tel.: 0361/31902, Fax: 0361/381364

Gründungsberatung

Auskünfte erteilen:
Industrie- und Handelskammern
Bundesverband Deutscher Unternehmensberater
BDU e.V., Friedrich-Wilhelm-Straße 2, 53119 Bonn,
Tel.: 0228/379001, Fax: 0228/230625

Bundesverband der Wirtschaftsberater, Schützenweg
3, 73087 Bad Boll, Tel.: 07164/4122, Fax: 07164/4177
Alt Hilft Jung e.V., Kennedyallee 62–70 (im DSL-Gebäude), 53175 Bonn, Tel.: 0228/889-236, Fax: 0228/
889-624
Vereinigung Beratender Betriebs- und Volkswirte
e.V., Auf dem Baggersand 17, 23570 Lübeck-Travemünde, Tel.: 04502/6650, Fax: 04502/25867
Vereinigung freier Kaufleute e.V., Am Römling 14,
93047 Regensburg, Tel.: 0941/563603, Fax: 0941/46080

Ansprechpartner für die Vergabe
von Fördermitteln

Eigenkapitalhilfe-Programm (EKH)
Alle Kreditinstitute oder auch:
Deutsche Ausgleichsbank, Wielandstraße 4, 53173
Bonn, Tel.: 0228/831-2400/-2401, Fax: 0228/831-2255
Deutsche Ausgleichsbank, Niederlassung Berlin,
Sarrazinstraße 11–15, 12159 Berlin, Tel.: 030/85085-
230/-244, Fax: 030/85085-298/-299
Bundesministerium für Wirtschaft, Villemombler
Straße 75, 53123 Bonn, Tel.: 0228/615-0, Fax: 0228/615-
3478

Bundesministerium für Wirtschaft, Außenstelle Berlin, Scharnhorststraße 36, 10115 Berlin, Tel.: 030/2014-9, Fax: 030/2014-7010

ERP-Existenzgründungsprogramm und Ergänzungsprogramm
Alle Kreditinstitute oder:
Deutsche Ausgleichsbank, Wielandstraße 4, 53173 Bonn, Tel.: 0228/831-2400/-2401, Fax: 0228/831-2255
Deutsche Ausgleichsbank, Niederlassung Berlin, Sarrazinstraße 11–15, 12159 Berlin, Tel.: 030/85085-230/-244, Fax: 030/85085-298/-299

Kreditprogramm der Kreditanstalt für Wiederaufbau
Kreditanstalt für Wiederaufbau, Palmengartenstraße 5–9, 60325 Frankfurt/M., Tel.: 069/7431-0, Fax: 069/7431/2944

Bürgschaftsbanken
Verband der Bürgschaftsbanken, Hamburger Straße 23, 22083 Hamburg, Tel.: 040/227013-0, Fax: 040/227013-10

Investitionszulage
Die örtlichen zuständigen Finanzämter oder:
Bundesministerium der Finanzen, Graurheindorfer Straße 108, 53117 Bonn, Tel.: 0228/682-0, Fax: 0228/682-4420

Messeförderung
Eine Übersicht über die von der Bundesregierung geförderten Inlandsmessen sowie die aktuellen Förderkonditionen der Bundesregierung gibt:

Ausstellungs- und Messe-Ausschuß der Deutschen Wirtschaft e.V. (AUMA), Lindenstraße 8, 50674 Köln, Tel.: 0221/20907-0, Fax: 0221/20907-12

Messeförderung Auslandsmessen
Eine Übersicht über die von der Bundesregierung geförderten Auslandsmessen sowie die aktuellen Förderkonditionen der Bundesregierung gibt:

Ausstellungs- und Messe-Ausschuß der Deutschen Wirtschaft e.V. (AUMA), Lindenstraße 8, 50674 Köln, Tel.: 0221/20907-0, Fax: 0221/20907-12

Bundesministerium für Wirtschaft, Villemombler Straße 76, 53123 Bonn, Tel.: 0228/615-0, Fax: 0228/615-3478

Bundesministerium für Wirtschaft, Außenstelle Berlin, Scharnhorststraße 36, 10115 Berlin, Tel.: 030/2014-7516, Fax: 030/2014-7010

Forschungsförderung
Auskünfte für die neuen Bundesländer gibt:

Bundesministerium für Wirtschaft, Außenstelle Berlin, Scharnhorststraße 36, 10115 Berlin, Tel.: 030/2014-7516, Fax: 030/2014-7010

Auskünfte für alle Bundesländer gibt:

Bundesministerium für Forschung und Technologie, Heinemannstraße 2, 53175 Bonn, Tel.: 0228/59-0, Fax: 0228/59-3601

Bundesministerium für Forschung und Technologie Außenstelle Berlin, Hannoversche Straße 30, 10115 Berlin, Tel.: 030/39981-01, Fax: 030/39981-270

Förderung durch die Länder
Informationen zu Fördermöglichkeiten der Länder geben alle Wirtschaftsministerien und Kammern.

EG-Frauenförderprogramme
Bundesministerium für Bildung und Wissenschaft, Heinemannstraße 2, 53175 Bonn, Tel.: 0228/57-2863, Fax: 0228/57-2096

Regionale Entwicklungsagentur (REA), Hermannstraße 229, 12049 Berlin, Tel.: 030/621-8862, Fax: 030/621-8640

Informationen zur Unternehmensgründung und Festigung erhalten Sie bei:
Bundesverband Junger Unternehmer der ASU e.V., Mainzer Straße 238, 53179 Bonn, Tel.: 0228/95459-54, Fax: 0228/95459-93

Wirtschaftsjunioren Deutschland, Adenaueralle 148, 53113 Bonn, Tel.: 0228/104-5 14, Fax: 0228/104177

Bundesverband Unternehmerfrauen im Handwerk e.V., c/o Landesgewerbeamt Baden-Württemberg, Postfach 4169, 76026 Karlsruhe, Tel.: 0721/135-4030, Fax: 0721/135-4020

Verband deutscher Unternehmerinnen e.V., Gustav-Heinemann-Ufer 94, 50968 Köln, Tel.: 0221/ 375074, Fax: 0221/343171

Verzeichnis der Wirtschaftsministerien des Bundes und der Länder

Bundesministerium für Wirtschaft, Villemombler Straße 76, 53107 Bonn, Tel.: 0228/615-0, Fax: 0228/615-4436

Land Baden-Württemberg

Ministerium für Wirtschaft, Mittelstand und Technologie Baden-Württemberg, Theodor-Heuss-Straße 1, 70174 Stuttgart, Tel.: 0711/123-0, Fax: 0711/123-2126

Freistaat Bayern

Bayerisches Staatsministerium für Wirtschaft und Verkehr, Prinzregentenstraße 28, 80538 München, Tel.: 089/2162-0, Fax: 089/2162-2760

Land Brandenburg

Ministerium für Wirtschaft, Mittelstand und Technologie, Heinrich-Mann-Allee 107, 14473 Potsdam, Tel.: 0331/866-0, Fax: 0331/866-1726/1727

Berlin

Senatsverwaltung für Wirtschaft und Technologie, Martin-Luther-Straße 105, 10825 Berlin, Tel.: 030/783-1, Fax: 030/783-8455

Bremen

Senator für Wirtschaft und Außenhandel, Bahnhofsplatz 29 (Tivolihochhaus), 28195 Bremen, Tel.: 0421/361-0, Fax: 0421/361-8717

Hamburg

Landesregierung, Behörde für Wirtschaft, Verkehr und Landwirtschaft, Alter Steinweg 4, 20459 Hamburg, Tel.: 040/3504-0, Fax: 040/3504-1620

Hessen

Hessisches Ministerium für Wirtschaft, Verkehr und Technologie, Kaiser-Friedrich-Ring 75 (Landeshaus),

65185 Wiesbaden, Tel.: 0611/815-0, Fax: 0611/815-2228

Land Mecklenburg-Vorpommern

Ministerium für Wirtschaft, Johann-Stelling-Straße 14, 19053 Schwerin, Tel.: 0385/588-0, Fax: 0385/588-5861, 5862

Land Niedersachsen

Niedersächsisches Ministerium für Wirtschaft, Technologie und Verkehr, Friedrichswall 1, 30159 Hannover, Tel.: 0511/120-1, Fax: 0511/120-6432

Land Nordrhein-Westfalen

Ministerium für Wirtschaft, Mittelstand und Technologie des Landes Nordrhein-Westfalen, Haroldstraße 4, 40213 Düsseldorf, Tel.: 0211/837-02, Fax: 0211/837-2200

Land Rheinland-Pfalz

Ministerium für Wirtschaft und Verkehr des Landes Rheinland-Pfalz, Stiftsstraße 9, 55116 Mainz, Tel.: 06131/ 16-0, Fax: 06131/16-2100

Land Saarland

Minister für Wirtschaft, Hardenbergstraße 8, 66119 Saarbrücken, Tel.: 0681/501-0, Fax: 0681-501-4293

Freistaat Sachsen

Sächsisches Staatsministerium für Wirtschaft und Arbeit, Budapester Straße 5, 01069 Dresden, Tel.: 0351/564-0, Fax: 0351/4954131, 4956109

Land Sachsen-Anhalt

Ministerium für Wirtschaft, Technologie und Verkehr, Wilhelm-Höpfner-Ring 4, 39116 Magdeburg, Tel.: 0391/567-01, Fax: 0391/567-4450

Land Schleswig-Holstein

Ministerium für Wirtschaft, Technik und Verkehr des Landes Schleswig-Holstein, Düsternbrooker Weg 94 bis 100, 24105 Kiel, Tel.: 0431/988-0, Fax: 0431/988-4700

Freistaat Thüringen

Thüringer Ministerium für Wirtschaft und Infrastruktur, Johann-Sebastian-Bach-Straße 1, 99096 Erfurt, Tel.: 0361/377-03, Fax: 0361/377-3197/3199

Leitstellen für die Beantragung öffentlicher Beratungshilfen

Bundesverband der Deutschen Industrie e.V., Gustav-Heinemann-Ufer 84, 50968 Köln, Tel.: 0221/3708-0, Fax: 0221/3708730

Bundesvereinigung der Deutschen Arbeitgeberverbände, Gustav-Heinemann-Ufer 72, 50968 Köln, Tel.: 0221/3795-0, Fax: 0221/3795-235

Deutscher Industrie- und Handelstag (DIHT), Adenauerallee 148, 53119 Bonn, Tel.: 0228/104-0, Fax: 0228/104158

Mit der Durchführung beauftragt:

IHK-Gesellschaft zur Förderung der Außenwirtschaft und der Unternehmensführung mbH, Schönholzer Straße 10/11, 13187 Berlin, Tel.: 030/48806-212/214, Fax: 030/48806-232

Fördergesellschaft des BDS-DGV mbH für die gewerbliche Wirtschaft und Freie Berufe, August-Bier-Straße 18, 53128 Bonn, Tel.: 0228/210033, Fax: 0221/211824

Bundesbetriebsberatungsstelle für den Deutschen Groß- und Außenhandel GmbH, Kaiser-Friedrich-

Straße 13, 53113 Bonn, Tel.: 0228/139 58, Fax: 0228/26004-55

Leitstelle für Gewerbeförderungsmittel des Bundes im Einzelhandel, Postfach 250425, 50520 Köln, Tel.: 0221/3625 17, Fax: 0221/362512

Bundesverband des deutschen Güterfernverkehrs e.V. (BDF), Breitenbachstraße 1, 60487 Frankfurt/M., Tel.: 069/7919-0, Fax: 069/7919-265

Interhoga Gesellschaft zur Förderung des Deutschen Hotel- und Gaststättengewerbes, Kronprinzenstraße 46, 53173 Bonn, Tel.: 0228/82008-0, Fax: 0228/ 82008-46

Deutscher Reisebüro-Verband e.V., Mannheimer Straße 15, 60329 Frankfurt/M, Tel.: 069/2739070, Fax: 069/ 236647

Zentralverband des Deutschen Handwerks, mit der Durchführung beauftragt:

Regionale Leitstelle Baden-Württemberg, Landesgewerbeamt Baden-Württemberg, Willi-Bleicher-Straße 19, 70174 Stuttgart, Tel.: 0711/123-0, Fax: 0711/297933

Bayern: Bayerischer Handwerkstag, Max-Joseph-Straße 4, 80333 München, Tel.: 089/5119-0, Fax: 089/ 51192-95

Berlin, Bremen, Hamburg, Niedersachsen, Schleswig-Holstein: Landesgewerbeförderungsstelle des Niedersächsischen Handwerks e.V., Sedanstraße 72, 30161 Hannover, Tel.: 0511/341547, Fax: 0511/331625

Hessen: Arbeitsgemeinschaft der Hessischen Handwerkskammern, Bahnhofstraße 63, 65185 Wiesbaden, Tel.: 0611/136-0, Fax: 0611/136-155

Nordrhein-Westfalen: Landesgewerbeförderungsstelle des Nordrhein-Westfälischen Handwerks e.V.,

Auf'm Tetelberg 7, 40221 Düsseldorf, Tel.: 0211/
30180-0, Fax: 0211/30108-34

Rheinland-Pfalz: Arbeitsgemeinschaften der Handwerkskammern Rheinland-Pfalz, Göttelmannstraße 1,
55130 Mainz-Wiesenau, Tel.: 06131/8302-0, Fax:
06131/8302-63

Saarland: Handwerkskammer des Saarlandes, Hohenzollernstraße 47–49, 66117 Saarbrücken, Tel.:
0681/ 5809-0, Fax: 0681/5809-177

Literaturverzeichnis

Assig, Dorothea und andere: Existenzgründungsförderungsmaßnahmen für Frauen, Problemaufriß, Darstellung und Beurteilung bereits existierender frauenspezifischer Maßnahmen/ Aufzeigen von Notwendigkeit und Möglichkeiten einer zukünftigen frauenorientierten Existenzgründungsförderung, Expertise für das Bundesministerium für Jugend, Familie, Frauen und Gesundheit, Berlin, August 1987

Bausteine zum Erfolg, Selbständig im Handwerk, Ratschläge, Hinweise, Infos, herausgegeben von: Handwerkskammer der Pfalz und Handwerkskammer Rheinhessen, Kaiserslautern und Mainz, o. D.

Bundesanzeiger Nr. 16 vom 24. Januar 1995

Bundesministerium für Ernährung, Landwirtschaft und Forsten: Die Frau in der Landwirtschaft, Bonn, Dezember 1993

Bundesministerium für Frauen und Jugend: Dokumentation: Förderung der beruflichen Selbständigkeit von Frauen als Beitrag zur kommunalen Wirtschaftsentwicklung, Materialien zur Frauenpolitik 38/1994, Mai 1994

Bundesministerium für Wirtschaft: Wirtschaftliche Förderung in den neuen Bundesländern, herausgegeben vom Bundesministerium für Wirtschaft, Stand: Januar 1995

Bundesministerium für Wirtschaft: Starthilfe. Der erfolgreiche Weg in die Selbständigkeit, Bonn 1994

Bundeministerium für Wirtschaft: Die ERP-Programme 1994/95, Bonn, Stand: August 1994

Bundesministerium für Wirtschaft: Wirtschaftliche Förderung in den alten Bundesländern, für mittelständische Unternehmen, Freie Berufe und Existenzgründungen, Stand: Februar 1995

Deutsche Ausgleichsbank: Darlehen für berufliche Fortbildung. Förderprogramm auf dem Weg zur Meister- und Technikerprüfung und andere Qualifizierungen, Schriftenreihe der Deutschen Ausgleichsbank, Heft 22, Stand: Oktober 1994

Deutsche Ausgleichsbank: Für saubere Lösungen: Wir fördern Umweltschutz und Energieeinsparungen. Finanzierungshilfen für Umweltschutz- und Energiesparinvestitionen der gewerblichen Wirtschaft im Überblick, Schriftenreihe der Deutschen Ausgleichsbank, Heft 20, Stand: August 1994

Deutsche Ausgleichsbank: 37. Geschäftsbericht der Deutschen Ausgleichsbank 1986

Deutsche Ausgleichsbank: Gesucht und gefördert: Partner mit Kapital und Kompetenz. Partnerschaftsdarlehen für mittelständische Unternehmen in den neuen Bundesländern, Schriftenreihe der Deutschen Ausgleichsbank, Heft 19, Stand: Dezember 1993

Deutsche Ausgleichsbank: Wir fördern Existenzgründungen, Umweltschutz und neue Technologien, Programme, Richtlinien, Merkblätter, Stand: Januar 1995

Deutsche Ausgleichsbank: Wir fördern Unternehmen, die etwas Neues unternehmen. Der Innovationsfond des Landes Berlin, Schriftenreihe der Deutschen Ausgleichsbank, Heft 21, Stand: März 1994

Deutsche Ausgleichsbank: Womit Existenzgründer und mittelständische Unternehmen rechnen können. Finanzierungshilfen zur Existenzgründung und -festigung in den neuen Bundesländern und Berlin, Schriftenreihe der Deutschen Ausgleichsbank, Heft 11, Stand: Juli 1994

Deutsche Ausgleichsbank: Zuschüsse zur Ausstattung am Arbeitsplatz für Fachkräfte aus Entwicklungsländern, Voraussetzung – Höhe – Verfahren, Schriftenreihe der Deutschen Ausgleichsbank, Heft 23, Stand: August 1994

Dokumentation Bundesministerium für Frauen und Jugend (Hrsg.): Förderung der beruflichen Selbständigkeit von Frauen als Beitrag zur kommunalen Wirtschaftsentwicklung, Materialien zur Frauenpolitik 38/1994, Bonn, Mai 1994

Durand-Noll, Madeleine: Management by Joy. Neue Wege zur Unternehmenskultur, Zürich und Köln 1992

Durand-Noll, Madeleine: Unternehmenskultur: »Der Stern von Bethlehem« oder »Des Kaisers neue Kleider«, Sonderveröffentlichung der Kreissparkasse Cochem-Zell, Cochem 1990

Frauen-Branchenbuch: FRAUEN HANDELN, Ausgabe 94/95, Olching

Gablers Wirtschaftslexikon, 13., vollständig überarbeitete Auflage, Wiesbaden 1993

Gather, Claudia/Hübner, Sabine: Voraussetzungen, Schwierigkeiten und Barrieren bei Existenzgründungen von Frauen. Untersuchungsbericht für den Senator für Wirtschaft und Arbeit, Berlin 1985

Hopfenbeck, Waldemar: Allgemeine Betriebswirtschafts- und Managementlehre, erweiterte Auflage, Landsberg/Lech 1991

Leitfaden zur Frauenförderung in Betrieben. Die Durchsetzung der Gleichberechtigung als Chance für die Personalpolitik, herausgegeben vom Bundesminister für Frauen und Jugend, Bonn 1991

Lischke, Gerda: Die Persönlichkeit der Existenzgründerin, Vortrag gehalten im Auftrag des Ministeriums für Wirtschaft, Verkehr, Landwirtschaft und Weinbau Rheinland-Pfalz anläßlich der Auftaktveranstaltung: Landfrauen sind selbständig – Landfrauen werden selbständig, 5. Mai 1995 Maria Laach, Manuskript

Ministerium für Wirtschaft, Verkehr, Landwirtschaft und Weinbau des Landes Rheinland-Pfalz in Zusammenarbeit mit der Investitions- und Strukturbank Rheinland-Pfalz, ISB: Ihre ersten 7 Schritte in die Selbständigkeit. Leitfaden für Existenzgründerinnen und Existenzgründer in Rheinland-Pfalz, Mainz 1995

Presse- und Informationsamt der Bundesregierung: Beratungsdienste in den neuen Ländern, 4., erweiterte Auflage, Bonn 1994

Schill, Rüdiger: Erfolgsaussichten von Frauengründungen, in: Gründungs- und Erfahrungsmanagement Frauen-Gründungen,

Veranstaltungsprotokoll, herausgegeben vom Betriebswirt-schaftlichen Institut für Empirische Gründungs- und Organisa-tionsforschung e.V., Dortmund 1992

Sparkassen-Kunden-Service: Selbständig und erfolgreich sein. Ein Leitfaden für Existenzgründer, Stuttgart 1995

Wloch, Eva/Ambos, Ingrid: Doppelbelastung und Vereinbarung von Beruf und Familie, in: Assig, Dorothea: Mut gehört dazu!, Reinbek 1987

Register